百年中旅

1923－2023

中 華 書 局

百年中旅（1923—2023）

本書編撰組　編著

出版　　中華書局（香港）有限公司
　　　　香港北角英皇道 499 號北角工業大廈一樓 B
　　　　電話：（852）2137 2338　　傳真：（852）2713 8202
　　　　電子郵件：info@chunghwabook.com.hk
　　　　網址：http://www.chunghwabook.com.hk

發行　　香港聯合書刊物流有限公司
　　　　香港新界荃灣德士古道 220-248 號
　　　　荃灣工業中心 16 樓
　　　　電話：（852）2150 2100　　傳真：（852）2407 3062
　　　　電子郵件：info@suplogistics.com.hk

版次　　2023 年 12 月初版
　　　　© 2023 中華書局（香港）有限公司

規格　　16 開（260mm×185mm）

ISBN　　978-988-8861-01-9

閱讀導引 *Reading Guide*

　　《百年中旅》從 1923 年上海商業儲蓄銀行設立旅行部開始，梳理了中國旅行社的早期發展歷程以及中華人民共和國成立後的重塑升級和重組整合，按時間軸記錄了銀行旅行部、中國旅行社、香港中國旅行社、華僑服務社、中旅總社、國旅總社、中國旅貿、中國中免、中國招商旅遊總公司、中旅集團、國旅集團、中國港中旅集團、中國旅遊集團的歷史沿革和重大事件，以圖、文、聲、像並茂的方式，帶您沈浸式品味「百年中旅」的歷史畫卷。在每頁下方，掃描橙色二維碼可以重溫領導人珍貴的題詞墨跡和殷切勉勵，掃描綠色、灰色二維碼可以瀏覽、聆聽歷史影像、音頻資料，掃描藍色二維碼可以更為深入地了解照片背後的歷史故事，掃描紅色二維碼可以即刻與歷史親歷者面對面，掃描黃色二維碼可以詳細查閱時任領導班子名錄。

二維碼示例

| 歷史音頻 | 歷史故事 | 歷史視頻集錦 | 公司領導名錄 | 領導題詞 | 時任領導訪談 |

2002 年
1 月 港中旅國際旅行社有限公司開業
12 月 11 月港中旅（珠海）海泉灣有限公司成立

1999 年
3 月 香港中旅集團深圳聚豪會高爾夫球會開業
4 月 香港中旅（集團）有限公司與國務院僑務辦公室脫鉤
4 月 華僑城集團與香港中旅集團分開經營

1998 年
12 月 中國旅遊商貿服務總公司與國家旅遊局
脫鉤歸屬中央企業工委直接領導

1997 年
5 月 陝西渭河發電有限公司成立
9 月 中國泛旅實業發展股份有限公司成立並在 A 股上市

1996 年
6 月 香港中旅集團與中國石化蘭州煉油化工總廠　　5
合資的甘肅蘭煉中旅石化有限公司成立
9 月 香港中旅集團與湖南省廣播電視發展中心、
深圳華僑城經濟發展總公司聯合投資興建長沙世界之窗
11 月 香港中國免稅品有限公司成立

1995 年
6 月中旅集團實業發展有限責任公司成立
8 月香港中旅金融投資有限公司成立
8 月香港中旅實業投資有限公司成立

1994 年
5 月香港中旅集團與中國石化蘭州煉油化工總廠
合資成立甘肅蘭港石化有限公司

1993 年
2 月 暨南大學中旅學院成立
3 月 中國旅遊服務公司與其下屬的全資子公司——
中國免稅品公司分開經營
3 月 香港中旅港澳遊管理有限公司成立
3 月 香港中旅（集團）有限公司與唐山市經濟
發展總公司合作成立唐山國豐鋼鐵有限公司
9 月 香港中旅（集團）有限公司與中國國際
航空公司、深圳市和中銀信貸合作成立深圳航空公司

1992 年
7 月 香港中旅國際投資有限公司在香港註冊成立
8 月 香港中旅（集團）有限公司與黃山風景管理區
管委會合資成立黃山太平索道有限公司

1990 年
7 月 中國中旅集團成立
香港中旅計算機服務有限公司成立
11 月 印度尼西亞中國旅行社開業

1989 年
11 月 日本中國旅行社開業　　　　　　　　　12 月

1987 年
1 月 中國招商國際旅遊總公司成立

1982 年
4 月 香港中國旅行社第一間海外分社——
泰國中國旅行社開業
7 月 中國旅行遊覽事業管理總局與
中國國際旅行社總社分開辦公

1983 年
6 月 美國中國旅行社開業
10 月 香港中旅貿易有限公司成立

1984 年
1 月 北京麗都假日飯店開業
5 月 菲律賓中國旅行社開業
6 月 中國旅行社總社成立「中旅旅遊汽車公司」
和「中國華僑旅遊僑匯服務總公司」
12 月 中國免稅品公司經國務院批准成立
12 月 華貿國際貨運有限公司於上海成立

1985 年
4 月 香港中旅酒店管理有限公司成立
7 月 香港中旅引進咨詢有限公司、香港中旅裝修有限公司、香港中旅置業
有限公司、香港中旅建築有限公司和香港中旅經濟開發有限公司成立
8 月 香港中旅貨運有限公司成立
10 月 香港中旅（集團）有限公司在香港成立
11 月 香港中旅（集團）有限公司成立華僑城建設指揮部

2017 年
5月 甘肅蘭煉中旅石化有限公司核準註銷
5月 陝西渭河發電有限公司合作期
屆滿後退出中國旅遊集團公司
6月 港中旅華貿國際物流有限公司轉出中國旅遊集團公司
8月 中國旅遊集團公司改製後名稱
正式變更為中國旅遊集團有限公司

2016 年
7月 中國港中旅集團公司與中國國旅集團有限公司
重組成立中國旅遊集團公司

2015 年
11月 甘肅蘭港石化有限公司核準註銷
12月 唐山國豐鋼鐵有限公司退出香港中旅（集團）有限公司

2012 年
月 港中旅華貿國際物流有限公司在上交所掛牌上市

2008 年
7月 中國國旅股份有限公司成立

2009 年
10月 中國國旅股份有限公司在 A 股上市

2007 年
6月 中國港中旅集團公司與中國中旅集團實現合併重組
9月 港中旅（青島）海泉灣有限公司成立

2006 年
1月 中旅（鹹陽）海泉灣有限公司成立
1月 珠海海洋溫泉度假城開業
3月 芒果網有限公司正式運營
9月 中國港中旅集團公司在內地註冊

2005 年
6月 中國招商國際旅遊總公司
及所屬旅行社整體併入香港中旅集團

2004 年
11月 中國國際旅行社總社與中國免稅品（集團）
總公司合併重組為中國國旅集團有限公司
中國中旅集團與中國旅遊商貿服務總公司合併重組

2018 年
9月 中國旅遊集團境內總部正式遷冊至海南省海口市

2020 年
10月 中國旅遊集團將旗下六大業務載體
分別更名註冊為：
中國旅遊集團旅行服務有限公司（中旅旅行）
中國旅遊集團投資運營有限公司（中旅投資）
中國旅遊集團中免股份有限公司（中旅免稅）
中國旅遊集團酒店控股有限公司（中旅酒店）
中國旅遊集團金融投資有限公司（中旅金融）
中國旅遊集團投資和資產管理有限公司（中旅資產）

2022 年
8月 中免股份有限公司正式在香港聯合交易所主板上市
12月 中國旅遊集團旗下業務載體調整為八家，分別是：
中國旅遊集團旅行服務有限公司（中旅旅行）
香港中旅國際投資有限公司（中國國際）
中國旅遊集團投資運營有限公司
[暨港中旅（深圳）投資發展有限公司]（中旅投資）
中國旅遊集團中免股份有限公司（中旅免稅）
中國旅遊集團酒店控股有限公司（中旅酒店）
香港中旅發展有限公司（中旅發展）
中國旅遊集團投資和資產管理有限公司（中旅資產）
中旅郵輪（海南）有限公司（中旅郵輪）

序 言 *Preface*

　　100年，是一個足夠悠長、足夠厚重的歷史跨度。星相伴，行無疆，從中國看世界、讓世界看中國，我們中國旅遊集團經歷了世紀變遷，迎來了百歲生日。

　　報國之旅，開創旅業先河。1923年，中國近代旅遊業創始人陳光甫先生在上海商業儲蓄銀行創辦旅行部。服務大眾、艱苦開拓，開辦首家海外分社、首間招待所，承辦文物南遷、承運兵工器械、營救愛國志士……百年中旅勇擔民族大義。

　　守正之旅，盡展家國情懷。中華人民共和國成立後，華僑歸國、領袖出訪、政要接待、乒乓外交，重要「國際旅行」助力開創大國外交新局面；「三趟快車」風雨無阻保障香港民生，辦理港澳通行證、臺胞證……見證中旅譜系百年未變的初心。

　　興業之旅，引領行業方向。改革開放以來，走遍「錦繡中華」，打開「世界之窗」，匯聚中旅、國旅、港中旅等眾多民族品牌，「立足香港、深耕海南、拓展內地、做精海外」，鍛造全球最大的免稅零售商，百年中旅在服務雙奧、抗擊疫情、鄉村振興、社會參與中敢勇當先。

　　未來之旅，揚起時代風帆。百年再百年，融合協同、開放包容、睿智務實，讓我們努力打造更具中國特色的百年強企，充分展現中國文化的自信自強，駕駛著百年中旅巨輪，朝著中華民族偉大復興之路的航向破浪前行。

　　史海擷珍、檔案發聲，謹以此書，與諸位共同回味百年中旅的情懷與擔當。

中國旅遊集團董事長　　陳寅

1981 年 ○
9月 香港中國國際旅行社有限公司開業

○ **1979 年**
10月 中國旅遊服務公司經國務院批準成立

1978 年 ○
4月 中國國際旅行社設立內蒙古自治區分社

○ **1974 年**
2月「中國華僑旅行社總社」名稱同時
加用「中國旅行社總社」名稱

‧入中國旅行社

1973 年 ○
2月 中國國際旅行社設立河北分社

○ **1968 年**
3月 中國國際旅行社設立南京分社

1964 年 ○
7月 全國人大批準設立中國旅行遊覽
事業管理局,直屬國務院領導,
對外仍保留中國國際旅行社的名稱

○ **1958 年**
6月 中國國際旅行社設立北京、河南分社
7月 中國國際旅行社設立長春分社
10月 中國國際旅行社設立昆明分社

西安分社
業
有限公司成立

1957 年 ○
3月 全國各地華僑服務社統一名稱「華僑旅行服務社」
4月 華僑旅行服務社總社在北京成立
8月 中國國際旅行社劃歸國務院直接領導

○ **1956 年**
7月 華僑服務社設立天津、瀋陽、鞍
山、大連、撫順、阜新、無錫、蘇州、
長春、哈爾濱、漢口、南京、上海、杭
州、濟南、昆明 16 家分社

南昌分社

1939 年 ○
1月 河池、重慶及越南河內招待所開業
2月 成立滇緬公路食宿站管理處
7月 中國旅行社設立敘府分社
10月 中國旅行社設立越南西貢、緬甸仰光分社

○ **1940 年**
1月 中國旅行社徐府招待所開業
2月 越南老街和新加坡大坡辦事處成立
8月 緬甸臘戌辦事處成立

1941 年 ○
1月 中國旅行社黃平招待所開業
4月 中國旅行社設立菲律賓馬尼拉分社
8月 中國旅行社設立贛縣分社
9月 中國旅行社廣州灣辦事處成立

○ **1944 年**
5月 設立加爾各答招待所
7月 蘭州西北大廈開業

1946 年 ○
1月 臺北招待所成立
10月 中旅社設立瀋陽分社
11月 中國旅行社設立天津分社
11月 基隆招待所開業

○ **1947 年**
1月 中國旅行社設立臺北分社
7月 中國旅行社設立基隆分社

1949 年 ○
1月 香港新寧招待所開業
11月 華僑服務社成立(中國旅行社總社的前身)

○ **1951 年**
1月 中國旅行社臺灣分社
改組獨立為臺灣中國旅行社股份有限公司

1954 年 ○
4月 中國國際旅行社成立
5月 中國國際旅行社設立廣州分社
6月 中國旅行社香港分社改組獨立為香港中國旅行社
8月 中國國際旅行社設立上海分社
9月 中國國際旅行社設立武漢分社
10月 中國國際旅行社設立哈爾濱分社

○ **1955 年**
4月 中國國際旅行社設立杭州分社
10月 中國國際旅行社設立無錫分社

歷史發展沿革 百年中旅

1938 年
1月 中國旅行社設立總社駐黔辦事處
3月 中國旅行社設立總部駐秦辦事處
6月 蘭州招待所開業
7月 桐梓招待所開業
8月 中國旅行社設立梧州、成都分社
10月 中國旅行社設立海防分社
10月 貴陽招待所開業
11月 中國旅行社設立桂林分社
12月 廟臺子招待所成立

1937 年
3月 中國旅館業公司[

1936 年
5月 中國旅行社設立常州分社

1935 年
4月 洪都招待所開業
6月 南嶽招待所開業
7月 中國旅行社設立[
8月 南京首都飯店開業
10月 中國旅館業股份[
11月 西京招待所開業
12月 中國旅行社設立[

1923 年
8月 上海商業儲蓄銀行旅行部成立

1924 年
4月 設立北平、天津旅行分部
6月 設立南京、漢口旅行分部
7月 設立蘇州旅行分部
12月 設立鎮江旅行分部

1925 年
5月 設立濟南旅行分部
8月 設立蚌埠旅行分部
12月 設立遼寧旅行分部

1926 年
1月 設立無錫旅行分部

1927 年
3月《旅行雜誌》創刊號發行
6月 上海商業儲蓄銀行旅行部改組為中國旅行社

1928 年
1月 獲得北洋政府頒發旅行社元號執照
4月 中國旅行社設立香港分社
5月 中國旅行社設立徐州分社
12月 中國旅行社設立鄭州分社

1930 年
4月 中國旅行社設立九江分社
6月 中國旅行社設立青島分社

1931 年
11月 中國旅行社設立開封分社
12月 中國旅行社設立蕪湖分社

1932 年
1月 中國旅行社在鄭州、潼關、墟溝設招待所

1933 年
1月 中國旅行社設立陝州分社
6月 中國旅行社設立廣州分社
9月 中國旅行社設立長沙分社
12月 中國旅行社設立西雅圖通信處

1934 年
2月 中國旅行社設立潼關分社
4月 中國旅行社乍浦招待所和南京江邊招待所開幕
6月 中國旅行社設立宜昌分社、雪寶山招待所開業
7月 中國旅行社設立石家莊分社、金華分社、墟溝分社
8月 漢口江邊招待所成立
10月 中國旅行社設立新加坡分社

目　錄　*Contents*

 浦江起航・中國旅行社初創發展
（1923—1936年）

04 歲月鎏金・改革開放下逐光而行
（1979—1999年）

定向遠航・打造一流的旅遊央企

（2000—2016年）

時代新生・鏈接未來的無限可能

（2017—2023年）

百年百事

（1923—2023年）

1923—1936年

浦江起航 · 中國旅行社初創發展

1923年，中華民國無旅遊業，中國旅行社從黃浦江起航，輕舟翻起千層浪，微光燎原縱千里。

中國銀行家陳光甫先生開創旅業先河，他在創立上海商業儲蓄銀行旅行部後，進行了代辦留學業務、代理客票業務、發行旅行支票、開設組團業務等諸多首次嘗試，在新加坡成立第一家海外分社，首次與國際旅行機構平等合作，首創「招待所」，迅速將中國旅行社發展成為中國第一、世界知名的旅行社。

第一章｜初創中國旅行業務

一、旅行業務創立背景

19 世紀中後期，上海逐步發展成為中國的商業中心、製造業中心、航運中心、外貿中心和金融重地，隨着金融業和對外貿易的迅速發展，旅遊業開始萌芽。20 世紀初期，經濟的發展帶來了旅行交通、食宿設施、民眾觀念的變化，也引起了旅行需求的急劇增加，使以旅行社為代表的旅遊業的產生成為歷史的必然，英國通濟隆、美國運通、日本國際觀光局等外國旅行代理機關相繼在中國設立分支機構，但其服務對象多限於駐華機構及相關人員，對廣大中國人並不構成實際意義。

20 世紀初期，銀行家陳光甫先生以有限的資本，在外商銀行巨大壓力下創建了上海商業儲蓄銀行，上海商業儲蓄銀行的創辦為中國旅行社的經營發展奠定了有利基礎。

1923 年上海

二、陳光甫先生的創業初心

（一）提倡旅行，便利行旅

陳光甫先生認為中國人「視旅行為苦差事，尤憚於長途跋涉」，除了受「父母在，不遠遊，遊必有方」等傳統觀念的桎梏外，主要是因為當時的中國缺乏為旅客服務的相關機構，預訂客票、照料行李、代辦手續、佈置食宿等都無人幫忙。旅行者除了不畏山川跋涉、風霜舟車之勞，還要受飲食起居等瑣碎問題的困擾，很難獲得尋幽探勝的樂趣。當時英國、美國和日本等外國旅行代理機構壟斷了中國的旅遊市場，利用外商特權高額獲利，造成中國利權外溢，並對華人態度傲慢無禮，極大地傷害了中國人的民族自尊心。一次購票經歷令陳光甫不禁感歎：「可恥孰甚，因我非其族類。」陳光甫先生認為設立旅行服務機構，可以減少旅行的困難，鼓勵人們遊覽觀光。

歷史故事：陳光甫先生介紹

陳光甫，中國銀行家、中國近代旅遊業創始人，籌辦南洋勸業會時初露才華。1915 年，創辦上海商業儲蓄銀行；1923 年 8 月 15 日，在上海商業儲蓄銀行設立旅行部。

歷史故事：陳光甫先生國內遊覽經歷（旅行部成立前）

陳光甫先生愛好旅行，他感到在國內旅行，反不及到國外旅行來得容易，有時一二百里的旅程中所經歷的艱難險阻，所花費的時間和精力，比在國外遠行一二千里尤甚。

（二）開闊國人視野

　　陳光甫先生自我評價道：「我是一個酷愛山水、南北西東之人……一生最大得益之處就是旅行。」陳光甫先生青年時期留學美國，這段遠行的經歷，極大地開闊了視野，豐富了生活閱歷，改變了他的人生觀、價值觀以及生活方式。創立上海商業儲蓄銀行以後，他每年都會定期到國內外旅行、視察業務，吸收新知識，以謀取更大的發展。陳光甫先生認為設立旅行服務機構，可以「幫助國人強健身體，開拓心襟，並且認識歷史和地理，增加知識，啟發愛國思想」。

陳光甫先生在美國留影

（三）闡揚中國名勝

第一次世界大戰之後，歐美各國皆大力提倡旅行事業，國際旅行蔚為風尚。在環球旅行過程中，中國是其中一站，但日程安排非常短促，外國遊客一般只能遊覽上海一地，極少數可以遊覽杭州、北平（1928 年由北京改名為北平，1949 年再改名為北京）。當時外商在中國開辦的旅行機構對中國缺乏了解，僱傭導遊素質良莠不齊，外國遊客「所有關於中國的名勝、古跡，歷史、風尚、美術及物產等，俱無法覓得適當之接觸」，他們歸國後對中國片面甚至扭曲的宣傳會有損中國形象。陳光甫先生想培養一批優秀的導遊人才，引導外國遊客真正地瞻仰中國大好河山、名勝古跡，吸引更多的外國人來中國遊覽，並通過旅行社協助外國遊客在遊覽過程中的各項事宜，「使外來遊客產生良好之觀感」，以此提高中國的國際影響力。

（四）促進銀行業務發展

陳光甫先生認為，「相較於銀行業務，旅行業務投入小、風險低，並且所服務的人群要廣泛得多，解決的行旅困難也要具體得多」，不僅更加便利社會，又可以起到為上海商業儲蓄銀行宣傳的作用，宣傳和推廣上海商業儲蓄銀行良好的企業形象，提高社會知名度與美譽度。同時，陳光甫先生認識到外國遊客帶着資金來中國遊歷，能增加中國的國際收入，與增加出口貿易具有一樣的功用，有利於國家經濟。由此可見，陳光甫先生設立旅行業務，既是出於服務社會的理念和自身強烈的愛國熱情，同時也有助於推進銀行業務發展。

上海商業儲蓄銀行

三、陳光甫先生的經營理念

　　創辦旅行服務機構是陳光甫先生「服務社會」人生觀及企業經營觀的集中體現。陳光甫先生是近代率先倡導並踐行「服務社會」的企業家之一，他認為服務社會是「個人對於社會應盡之責任，為一切人生觀之基礎」，因此，他將「服務社會」作為人生追求及企業經營的最高目標。這種觀念的產生與陳光甫先生獨特的人生經歷及特殊的時代背景密切相關。因此，陳光甫先生確立的經營宗旨「發揚

國光、服務行旅、闡揚名勝、致力貨運、推進文化，以服務大眾為己任」，充滿了深厚的民族意識和愛國情懷，表達了通過興辦企業報效國家、奉獻社會、服務社會的崇高理念，並成為企業發展的濃重底色。

陳光甫先生常說：「吾人做事，當設法使多數人能得啖飯之地。今日中國太窮乏，我人當設法富之；貧人太多，我當設法減少之；凡製造窮人，障礙生產之事，當設法除之；更當力助生產事業之發展，使大多數人，咸得安居樂業；我人今日享受，已遠過於常人，社會待我既若此之厚，我人安可不謀所以報之道。」陳光甫先生認為「上天不負苦心人，為社會服務，利在其中矣」。

歷史音頻：陳光甫先生對盈虧之看法
——「上海銀行之盈餘，可以操籌而數計，旅行部則不然；蓋天地間事物有重於金錢者，好感（Good Will）是也。」

第二章 | 旅行業務的籌辦與發展

一、上海商業儲蓄銀行旅行部宣告成立

1923年4月，經滬寧鐵路車務副總管袁紹昌介紹，上海商業儲蓄銀行正式向北洋政府交通部呈請：按照英商通濟隆公司、美商運通銀行代售鐵路車票的做法，附設旅行部代售各國有鐵路之車票，並分析了設立民族旅行機構的必要性和上海商業儲蓄銀行設立旅行部的優勢。

創辦中國自己的民族旅行機構實屬首次，困難重重。當時交通部正在召集全國鐵路聯運會議，上海商業儲蓄銀行的申請一經呈上，就立刻遭到滬寧、京奉、京漢等鐵路洋員（因該路均有外國借款，所以重要職員皆由外國人擔任）的反對，中國代表竭力支持與洋人爭取利權，幾經努力，上海商業儲蓄銀行終於獲得鐵路車票代售權，可以正式經營旅遊業務。

1923年8月15日，上海商業儲蓄銀行旅行部正式宣告成立，設立於總行國外部。朱成章兼任經理，最初成員兩人，開始僅在上海代售滬寧、滬杭的火車票，後陸續與長江航運、南北海運及外國各輪船公司訂立代辦客票合同，不久便推廣至京綏、京漢、津浦各鐵路。

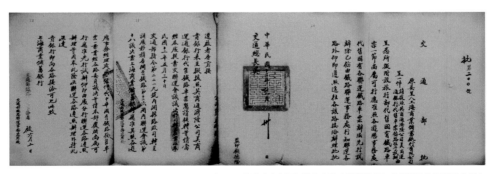

1923年5月北洋政府交通部核准上海商業儲蓄銀行代辦鐵路售票業務的批文

二、獨立辦公確立標誌

因旅行部業務逐步興盛，考慮到旅行部與國外部經營性質不同，為免於相互影響，1924 年 1 月，旅行部遷址於上海市四川路 420 號獨立辦公，並在原有代售鐵路車票業務基礎上成立了車務科、航務科（代理發售船票）、電信科、會計科、出版科和行李科 6 個科室，組織架構粗具規模。

為便於行旅，依托上海商業儲蓄銀行在中國重要城市的分支機構，旅行部迅速向全國拓展，在通都大邑及交通要道設置分支機構。截至 1927 年旅行部獨立為社時，旅行部分支機構已達 11 處，它們主要分佈在中國各重要城市鐵路沿線與長江各埠（見表 1-1）。

表 1-1　上海商業儲蓄銀行旅行部及分支機構設立

名　　稱	開幕日期	地　　點
旅行部總部	1923 年 8 月 15 日	四川路 420 號（初為寧波路）
杭州分部	1923 年 9 月 1 日	官巷口
北平分部	1924 年 4 月 15 日	西皮市
天津分部	1924 年 4 月 22 日	法租界 8 號路
南京分部	1924 年 6 月 1 日	鮮魚巷
漢口分部	1924 年 6 月 1 日	歆生路
蘇州分部	1924 年 7 月 15 日	閶門外
鎮江分部	1924 年 12 月 1 日	東塢街
濟南分部	1925 年 5 月 5 日	
蚌埠分部	1925 年 8 月 1 日	二道街
奉天分部	1925 年 12 月 26 日	千代田通
無錫分部	1926 年 5 月 1 日	北塘街

資料來源：上海檔案館藏：中國旅行社檔案，檔號 Q368-1-36

遷入新址後，旅行部以五角紅星作為標誌，星有指示方向之意，古人迷途，可按星宿方位來確定方向，因旅行職責是嚮導行旅，故以紅星為標誌。初始樣式為紅星之中加上黃色「上海」二字，外加藍邊於星的四周。紅色有警示作用，強調旅行部嚮導行旅責任重大，在紅五星周圍鑲上藍邊，表示其如夜空之中閃耀的明星，在紅五星之中綴以黃色的「上海」二字代表上海商業儲蓄銀行的附屬部門，既突出了旅行部的行業特徵，又給人鮮明、亮麗、醒目的感覺，使人耳目一新，印象深刻。1927 年 6 月 1 日，旅行部改組為中國旅行社，但標誌卻一直沿用未改，僅是將原紅星中的「上海」二字改為「旅」字，象徵當時中國人自營的唯一一家旅遊服務機構。

1924 年上海商業儲蓄銀行旅行部
確立標誌

1927 年中國旅行社
確立社徽

三、旅行業務初期探索

（一）代辦留學業務

出國旅行和留學業務原來皆由外商旅行社壟斷。1924 年夏季，旅行部開啟代辦學生留洋手續業務，正逢美國通過新的移民法案，導致留學生赴美困難眾多，美國的新移民法案規定所有接收移民學生的學校必須經美國勞工部認可。該法自頒佈到實施僅僅有兩個月時間，倉促之中又臨近暑假，許多美國學校來不及向美國勞工部辦理備案手續。陳光甫先生及旅行部同仁聯合各方，分頭設法，辛苦交涉，最終得到駐滬美國領事的批准。旅行部開展此項業務後，逐步提高了自身地位，在民族立場上大長中國人志氣，截至 1927 年旅行部獨立為社時，幫助近千名留學生出國。

1925 年中國留學生團抵達西雅圖搭乘大北鐵路公司專車出發前合影

（二）客票代理業務

1924 年至 1928 年，為爭取更多合作夥伴，擴大代理範圍，朱成章主要負責與外商輪船公司協商，莊鑄九主要負責開拓鐵路市場。經過不懈努力，在鐵路客票方面，截至 1927 年旅行部獨立為社時，與旅行部簽訂代理合同的公司有19 家，並由國內擴展到美、日、加等外國公司；在航運方面，因上海為國際港口，合作的輪船公司擴至 20 家。

歷史音頻：代辦學生留洋業務之波折

陳光甫一生對教育情有獨鍾，雖不曾親辦教育，但對教育幫助頗多。率先開展學生儲蓄業務，重點開展代辦學生留學手續。

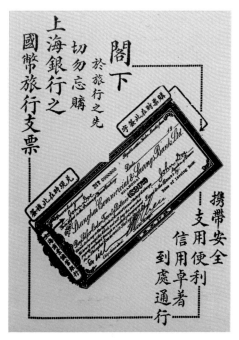

1924 年上海商業儲蓄銀行發行的英文旅行支票廣告

1924 年莫干山、牯嶺、青島、北戴河夏令辦事處
宣傳廣告

（三）發行旅行支票

1924 年 5 月 1 日，旅行部與上海商業儲蓄銀行合作發行英文旅行支票。旅客在購買旅行支票時在支票上親筆簽字，旅途中憑購票人的簽字與圖章，可隨時向上海商業儲蓄銀行各支機構匯兌。上海商業儲蓄銀行發行的旅行支票面額分為 10 元、20 元、50 元、100 元四種。旅行支票既避免了攜帶現金的種種不便，又滿足旅客隨時可換取旅行資金的需求，受到旅客歡迎。其後，國內其他銀行紛紛仿效發行旅行支票。

（四）設立夏令辦事處

1924 年，旅行部派人前往莫干山避暑勝地，並於武康路 365 號設立夏令辦事處。6 月 23 日開幕後，經辦業務包括旅行及匯兌業務、代客購買聯運票、沿途照料服務等，方便避暑客人，此後，夏令辦事處成為常設機構。

（五）開設組團業務

1926 年，旅行部嘗試開展組團遊覽業務。最初以臨近上海、杭州為

目標，每年春秋舉辦遊杭專車行和海寧觀潮專車行。不論火車還是汽車，統一編定座位號「對號入座」，一方面方便統計人數，另一方面避免爭搶座位，保持秩序井然，當時此舉為首創。後嘗試組織日本觀櫻團，團員遊玩盡興，反響良好，觀櫻團作為旅行部創辦國外遊覽團的嚆矢，是中國組團出境遊的開端。

中國旅行社代售旅滬海寧同鄉會高伯時先生撰寫的「海寧觀潮」

（六）出版旅遊刊物

1924 年 3 月，旅行部為便利出國赴美旅客，出版了《遊美手續輯要》一書，詳載學生赴美留學前應辦理的一切重要手續。此外，將美國移民法律中關於留學生的一段原文刊成小冊，分送準備出國的各校應屆畢業生。同年，出版《遊川須知》一書，共 13 章，漢口、宜昌、重慶及成都各埠情形以及入川交通均有扼要敘述。

第三章│組織獨立和業務拓展

一、中國旅行社獨立及改組

　　歷經五年，本着便利行旅、服務大眾、發展中國旅遊事業的理念，在上海商業儲蓄銀行的支持下，旅行部的組織規模、服務地域及業務範圍等方面均得到較快發展，並已具備獨立發展的條件。經董事會決議，上海商業儲蓄銀行撥款 5 萬元作為旅行部獨立後的資本金。

1927 年中國旅行社總社（上海四川路）外觀

　　1927 年 6 月 1 日，旅行部從上海商業儲蓄銀行獨立出來，更名為「中國旅行社」（即總社），同時停用「上海商業儲蓄銀行旅行部」，各地的旅行分部皆改稱為「中國旅行社 XX 分社」。更名後，立即向國民政府交通部申請註冊，經交通部核准，1928 年 1 月頒發第元號旅行業執照，此為近代中國第一張旅行社執照，也是當今「旅行社」一詞的由來，旅行社成為旅行代理機構的一個專有名詞。在北京「中華世紀壇」記錄銅板上的 1927 年（丁卯年）的中國發生了三件大事，「中國旅行社在上海創立」赫然在列。

1928 年 1 月中國旅行社獲得近代中國元號旅行業營業執照

中國旅行社獲交通部及經濟部頒發中國歷史上第一張旅行社營業執照

　　中國旅行社獨立後，按照西方現代企業制度設立最高負責機構董事會，首屆董事會由陳光甫、余日章、鄭垂、楊靜祺和朱成章五人組成。原上海商業儲蓄銀行旅行部經理朱成章改任中國旅行社經理，黃閱道為副經理，何林一為襄理。總社初設六個部門：火車部、輪船部、行李部、會計部、出納部和出版部。

　　1927 年 11 月，在總社樓下成立上海分社，負責經營上海本埠業務。總社專門負責管理，內部分為總社、業務和出版三塊。

1928 年 1 月，因公司發展需要，董事會決議將部門設置調整為七部一處：運輸部、車務部、航務部、出版部、會計部、出納部、稽核部和文書處。

1929 年，隨着分社業務增加，為避免總社與上海分社經理名稱混淆，董事會決議將總社的經理和副經理改稱為社長、副社長，所有分社主管人員皆稱經理、副經理。各支社主管稱主任。

1930 年 10 月，朱成章離職，選出代理社長黃閌道，副社長陳湘濤。

中國旅行社自獨立經營以來，社務以董事會決策為主，董事會一般每月召開一次，社長執行董事會決議。1931 年，社務日漸擴展，而董事會又不能經常性召開，於是陳光甫先生在上海商業儲蓄銀行設立旅行社委員會，每周集中討論，以補充董事會職能的不足，由張水淇、奚季耕、葛士彝、黃閌道和陳湘濤五人擔任委員，負責社務策劃與推動事宜，次年 3 月，葛士彝和黃道閌退出，鄒秉文和金宗成遞補。

二、建立網絡化服務體系

（一）國內分社復業和支社擴張

1926 年，國民革命軍北伐，上海商業儲蓄銀行業務備受影響，不得不將若干分行暫且關閉。

1927 年，蘇州、無錫、鎮江三處分社復業，同年天津、漢口兩處分行的旅行社改稱為分社，1929 年濟南分社復業。1928—1930 年，新成立的分社有徐州、南京、鄭州、九江、上海和青島等。

中國旅行社在國內繁華城市大量增設隸屬於當地分社的支社辦事處。南京、上海、北平、天津、鎮江和濟南等分社皆設有數量不等的支社機構，其中尤以上海分社設立的支社最多，共達 13 處（見表 1-2）。截至 1936 年，中國旅行社增設分支機構 73 處（包括招待所），加上原有的 12 處，共計 85 處。眾多的

分支機構提升了中國旅行社的聲譽，完善了服務網絡，增強了中國旅行社的服務能力和抗風險能力。

表 1-2　抗戰前中國旅行社上海支社、辦事處

名　　稱	創辦時間	名　　稱	創辦時間
上海西區支社	1930 年 5 月 1 日	虹口辦事處	1931 年 11 月 16 日
八仙橋支社	1931 年 12 月 1 日	上海北站辦事處	1932 年 4 月
上海南京路支社	1933 年 10 月 11 日	上海新亞辦事處	1934 年 3 月 1 日
上海愚園路支社	1934 年 4 月	上海國際辦事處	1935 年 1 月 1 日
上海國貨公司支社	1935 年 4 月 4 日	上海西門支社	1935 年 8 月 5 日
上海小東門支社	1936 年 5 月 1 日	上海霞飛路支社	1936 年 5 月 1 日
上海虯江碼頭辦事處	1936 年 5 月 1 日		

資料來源：上海檔案館藏：中國旅行社檔案，檔號 Q368-1-36

（二）成立香港分社、新加坡分社

　　20 世紀 20 年代末至抗日戰爭爆發之前，香港經濟雖然不像上海那樣發展迅速，但也開始起步，尤其是伴隨文化藝術的發展，維多利亞港兩岸開始出現新興建築。陳光甫先生深知香港是通向世界的橋頭堡，為加強與世界的聯繫，促進金融和旅遊業務發展，決定在香港成立分社。1928 年 4 月 1 日，中國旅行社香港分社正式成立，地址設在香港皇后大道中 6 號。1934 年 11 月 10 日，香港分社德輔道支社成立，地址設在德輔道中 174 號。

　　1934 年 10 月 15 日，新加坡分社正式成立，這是中國旅行社在海外成立的第一家分社，具有重要意義。開幕當天，到場人數有七百多人，場面甚為熱烈。

1928 年中國旅行社香港分社

1934 年中國旅行社新加坡分社

歷史故事：中國旅行社新加坡分社業務情況
　　中國旅行社新加坡分社是中國旅行社在海外成立的第一家分社，具有重要意義，自成立以來，一直發展良好，主要經營四方面業務。

（三）建立國際業務協作

在國內市場確立穩固地位後，中國旅行社開啟國際業務。1928 年 11 月，中國旅行社與英國通濟隆公司訂立合同，凡是中國旅行社的顧客赴歐美旅行可由通濟隆公司代為照料，這是中國旅行社國際化經營上的第一大步。

1931 年 1 月，藉助上海商業儲蓄銀行的關係，中國旅行社與美國舊金山信託銀行華務部約定，凡是中國旅行社介紹的顧客，該部可代為照料。1933 年，中國旅行社在西雅圖設立通信處，發出招待遊華專信 5000 封，信箋皆經過熏香，富麗精美。

1931 年春天，中國旅行社與日本國際觀光局合作，成功安排數千人遊歷上海。1931 年 6 月，中國旅行社出席日本觀光局在東京召開的亞歐客票聯運會議，此為正式與各國旅行機構建立聯繫及促進合作的開端。此次參會收穫頗豐，如與參會的蘇聯國營旅行總社的代表就有關代售西伯利亞鐵路客票合作事項進行了初步磋商，與日本國際觀光局關於代售中國旅行社銀圓旅行支票達成合作，並與相關國際旅行機構及交通機關建立或加強了聯繫，為以後進一步合作奠定了良好基礎。

會議後，中國旅行社與英國通濟隆旅行社保持良好溝通，擴大代理範圍，凡是彼此的客戶均可以調換券並相互介紹，在出境旅遊與入境旅遊兩方面形成平等互惠的合作代理關係，不僅拓展了入境旅遊接待規模，而且是中國旅行社首次與國際旅行機構的平等合作。之後，此種合作方式陸續推廣到與法國萬國臥車公司、日本國際觀光局、蘇聯國營旅行總社、美國舊金山英加信託銀行華務部之間。

1933 年 4 月，中國旅行社藉助梅蘭芳劇團應蘇聯對外文化協會邀請赴蘇聯演出，為其辦理相關手續的機會，與蘇聯國營旅行總社直接商談合作事宜。當時蘇聯國營旅行總社壟斷經營外國旅客在蘇聯境內的旅行業務，凡是外國旅客所

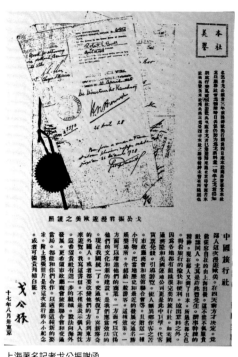

上海著名記者戈公振謝函

需車船飛機等票務必須向該社購買，該社在中國僅委託英國通濟隆公司在華機構為其代理。1937年8月，中國旅行社與蘇聯國營旅行總社正式簽訂合約，中國旅行社也成為其代理，凡中外旅客在蘇聯必須辦理的旅行事項，中國旅行社皆可代辦，這對於中國人赴蘇聯旅行或由蘇聯赴歐洲其他國家旅行皆提供諸多便利。

中華民國駐美國第一任大使施肇基親筆簽名的謝函

三、穩步發展旅遊業務

「食、住、行、遊、購、娛」是旅行六要素，中國旅行社的業務包含客運、貨運、招待所（旅館）、遊覽、出版五大類，中國旅行社在為旅客提供最佳服務的同時，力求擴大服務面，博得社會良好信譽，因而業務範圍十分廣泛，超出當時在中國的所有外商旅行社。

（一）代售海、陸、空客票

中國旅行社早期的業務，以客運為主。除代售國內火車及輪船客票外，還同美國、日本鐵路公司以及美國、法國、英國、日本等輪船公司簽約，代售國外鐵路、輪船客票。中國航空公司自開闢滬平（北平）航線後，為節省經費，天津、青島兩航空公司的所有業務委託當地中旅分社代辦。各分社接受委託後，立即派幹練人員，認真辦理，得到航空公司和旅客的好評。

中國旅行社濟南院前支社營業室代售海陸空客票務

（二）團體服務

因為中國旅行社是當時全國唯一中國人自有的旅行代理機構，並且服務卓著，得到社會廣泛認可，所以不少團體會議、團體旅行委託中國旅行社代為安排相關事宜。

團體會議服務作為中國旅行社最早的業務，主要包括會場問詢服務、指導行程、本地導遊、代辦行李客票、安排宿舍和組織遊覽等。抗戰之前，國內成規模的展覽會前後舉行過兩次，即國貨

1929 年杭州舉行的西湖博覽會正門

展覽會與西湖博覽會，中國旅行社和上海商業儲蓄銀行積極參與其中，1929 年在杭州舉行的「西湖博覽會」盛況空前，參觀者達到百萬人，中國旅行社不僅從香港、南京、天津等地組織團體赴杭參觀，並於會議期間提供預訂旅館、租車、僱傭嚮導、兌外幣等服務，受到人們的普遍讚譽。1931 年上海舉行的「太平洋學會年會」、1933 年青島舉行的「華北運動會」、1934 年上海舉行的「中華基督教青年會第 12 屆全國大會」及 1935 年上海舉行的「第六屆全國運動會」等多次大型活動，也都由中國旅行社提供團體會議服務。

團體旅行服務是旅行社的強項。中國旅行社接待或派員隨行照料的旅行、考察團體或其他負有重要使命的團體為數眾多。其中，不乏有關國際觀瞻或具重要意義的團體，如 1930 年梅蘭芳赴美、1935 年赴蘇聯演出團，中國旅行社派員隨行照料，1932 年接待國際聯盟「李頓調查團」，1934 年 5 月在菲律賓馬尼拉舉辦的第十屆遠東運動會、1936 年柏林第十一屆奧運會及 1937 年春的京滇公路周覽團等，均由中國旅行社給予安排，並派員隨行照料。其中，中國旅行社為組織柏林運動會參觀團，委派領隊，分海陸二路前往，返途遊歷歐陸各國，歷時兩個多月。

1934 年第十屆遠東運動會中國代表隊進場

（三）開設招待所

「招待所」一詞是陳光甫先生首創，後來被廣泛使用。稱為「招待所」有兩種用意：一是使旅客容易識別，一望就知道是中國旅行社設立的；二是使旅行社員工體會到「招待」二字含義，要恪盡和貫徹服務的宗旨。

1931 年 12 月，為解決旅客在徐州轉車無處休息之苦，徐州分社樓上設置了 4 間客房，開始以「招待所」之名接待旅客，此為中國第一家以招待所命名的旅館。1933 年，中國旅行社先後在鄭州、潼關、墟溝三個分社的樓上設立招待所。

最初創辦招待所的幾個原則：一是要服務為重，不是牟利；二是要設在風景名勝之區，如黃山招待所；三是邊遠地區有迫切需要者，如蘭州的西北大廈，就是應甘肅省政府之邀而承辦的；四是在一些重要城市設立規模較大的招待所以滿足旅客需求，如南京首都飯店、南昌洪都招待所、西安西京招待所等。

徐州招待所

　　招待所開辦方式分為自辦、合作和承辦三種。這一時期的招待所大多是中國旅行社自己投資興辦，如青島、南京、西安、濟南、北京、南昌等處的招待所。1933 年，為弘揚西北名勝，招徠遊客，中國旅行社與陝西省政府簽訂 5 年期合同，中國旅行社承辦華清池遊覽事務。1935 年 12 月，與膠濟鐵路局合資興辦濰縣招待所，由鐵路局撥租，旅行社負責日常經營管理，共擔風險，共享盈利。

截至 1935 年，中國旅行社設立的招待所有 16 處，加上設立的飯店共有 21 處。全國各地凡是旅客可能到達之處，都興建了中國旅行社的招待所，更好地滿足廣大遊客的需求。自 1935 年開始，招待所實行統一管理、統一經營，自成一套完整的連鎖服務，並成立了中國旅館業公司。旅客在中國旅行社的任何分支機構，都能預訂各地招待所的客房，這樣高質量的服務好評如潮。直到抗戰爆發前夕，中國旅行社在全國各地的招待所已達到 80 餘家。

同時，招待所對於中國旅行社業務的推動具有相當重要的作用，不僅解決了食住問題，還在計劃出行、車船票購買、行李托運、車站碼頭接送、食宿照料以及遊覽嚮導等方面提供了一整套完善的聯運服務，極大地便利了行旅。同時，中國旅行社原有的市場與網絡優勢，保證了招待所的客源，使招待所迅速擴展壯大。

這些招待所實際上就是賓館，設施上乘，服務一流。陳光甫先生聘請專業人員進行管理，甚至邀請經驗豐富的國外管理者，周到的服務和整潔的環境最為客人稱贊。其中，聲名卓著者如南京首都飯店和西安西京招待所，是當時當地最好的招待所。

歷史音頻：《馮玉祥：我的抗戰生活》中的中旅招待所
馮玉祥在回憶錄中說道：「路上經過桐梓，這裏有個旅館叫中國旅行社，辦法很特別。」

南京首都飯店及內景

1935 年 8 月，南京首都飯店開業，為中國旅行社全社招待所之冠。南京首都飯店建成後，相當長一段時間是舉辦國際聯歡、外交宴會的重要場所。

南京首都飯店共有四層，外觀宏偉，內景清幽。設有 50 餘間客房，配套設施齊全，家具器皿不惜花費巨資從歐美採購，盡顯富麗之景。

（四）設立遊覽部、組辦遊覽團

自 1932 年起，中國旅行社專設遊覽部。遊覽地點北起長城，南至百越，東盡海隅，西達黔滇。其中，1933 年接待「爪哇華僑實地考察團」、香港分社組織「錢塘江觀潮團」，1933 年 12 月至 1936 年 11 月，中國旅行社總社組織的華南旅行團，都是行程較長者。

為配合遊覽業務，宣揚愛國主義教育，中國旅行社當時還協助政府進行旅

1937 年書法大家葉恭綽先生題詞「中國旅行社導遊名山大川」

遊資源的開發，甚至有些是旅行社直接投資建造的，例如，1934 年在金山咀附近海濱戚家墩修建「華亭」，1937 年資助改建泰山雲步石橋。

1935 年 8 月，中國旅行社組織「中國旅行社遊覽團」，採取會員制形式，遊覽團團員分為普通、特別和永久三種。普通團員年費 2 元，特別團員年費 10 元，而一次繳納 25 元者，可以成為永久團員。各檔次的團員享受的待遇不同，如住宿條件的區別、旅行地的遠近等。遊覽團提倡集體旅行，受到人們的喜愛，人們在旅行中結交朋友，特別是會員制旅行，團員還可以享受中國旅行社給予的其他優惠，如中國旅行社當時在市內租借了游泳池、網球場、籃球場、足球場等活動場所，團員都可以免費租用，每逢周末，這些地方總是熱鬧非凡。

歷史故事：中國旅行社資助改建泰山雲步橋
雲步橋（原名雪花橋）原是木橋，1936 年被洪水沖毀，1937 年由中國旅行社資助改建石橋。

歷史音頻：中國旅行社修建「華亭」宣傳愛國思想
中國旅行社在發展旅遊業務的同時還非常注重愛國主義教育，曾斥資在戚家墩修建「華亭」，發揚民族之正氣。

（五）創辦《旅行雜誌》

陳光甫先生認為要提倡旅行事業，必先使人們認識到旅行是一件樂事，於是他決定創辦一種刊物，從 1926 年底開始籌備《旅行雜誌》。1927 年春，《旅行雜誌》正式創刊於上海，三個月一期，年出四期，以銅版紙精印；設編輯室於上海仁記路 110 號四樓。

陳光甫先生特為創刊號撰寫發刊詞，闡明該刊的經辦宗旨「闡揚中國名勝、發展旅行事業」。該宗旨從創刊之初就決定了《旅行雜誌》「不是一種本社的宣傳品，而是大眾的讀物」。

《旅行雜誌》秉承提倡旅遊事業的信念，在刊物設計、包裝、紙張等方面力求完美，突破了一般期刊的辦刊理念和經營之道，「務必成為國內惟一完美雜

1927 年春出版的《旅行雜誌》創刊號　　　　1927 年《旅行雜誌》發刊詞

誌」，從而吸引了中產階級的眼光，成為他們的必讀刊物之一。《旅行雜誌》銷行最廣時，每期的發行量達 3 萬冊。《旅行雜誌》不少文章是請大學教授、各名家和旅行社職員撰寫。陳光甫先生對這本雜誌非常看重，自詡為「中國的《地理雜誌》」，堪與美國著名的《國家地理》雜誌相媲美。

從 1929 年第 3 卷起，改為月刊，月初出版，先後發行了 23 年 3 個月，共264 冊。每期內容以 10 萬字計，當為 2600 餘萬字，內容方面，也較前充實。1930 年，《旅遊雜誌》徵求新戶，實行抽簽贈獎辦法，贈送照相機、望遠鏡、旅行留聲機等旅行用品。自 1933 年 11 月起，在上海發行《行旅便覽》月刊，內容以報道舟車路線、船期、時刻、票價為主，由戴欲仁承辦，靠廣告收入抵付印刷、紙張等成本。每期出版後，由中國旅行社免費贈送給旅客。又於歲尾年初，編印設計新穎、形式美觀的名勝日曆，分贈各界，為提倡旅行助力。

四、拓展多元混合業務

（一）承辦津浦鐵路餐車

中國旅行社代售津浦鐵路三等客票，應得到 2.5% 的特別佣金，但津浦鐵路局多年一直未支付。經交涉，津浦鐵路局表示中國旅行社若能承辦津浦鐵路餐車，可以解決這筆費用。1936 年 6 月 15 日，中國旅行社正式接辦餐車的經營。因為須剔除積弊、整頓風氣，又毫無經驗，所以任務非常艱巨，總社特派襄理胡時淵負責，並調派精幹人員加強管理。在浦口專設事務所，管理全部承辦業務，並在上海設購料處。精心選用的兩百多名員工，加以嚴格訓練，經過數月努力，津浦餐車的形象大有改觀，不僅秩序良好，營業方面也轉虧為盈（當時為餐車開辦投入 10000 多元，用了近半年時間盈利就達到 13000 餘元）。良好的成績超出津浦鐵路局的預想，中國旅行社的經營能力得到各方的大力推崇。

（二）開辦貨運業務

中國旅行社經辦貨物運輸服務從代客接送行李開始，繼而擴展到水上貨運。因擁有眾多分支機構，便於開展聯運，1933年，中國旅行社向鐵道部及相關管理部門申請試辦鐵道貨物包裹等運輸業務，以及在北平、天津、南京、漢口等地，向車站租賃場所，開辦行李房。1934年春，申請獲得批准，並交由行李部主持辦理。

1935年5月，行李部和報關部合併為運輸部，由承運九省長途電話局工程及材料開始。在這次運輸項目中，中國旅行社各分社通力合作，受到交通部的認可。於是，交通部電政司與中國旅行社簽訂合約，自1936年11月5日起，全國所有電話局工程及材料的裝運事宜，皆由中國旅行社獨家承辦。此後，眾多機關紛紛將各項重要器材交由旅行社承運。

至於商貨運輸，配合上海商業儲蓄銀行的貨物抵押貸款與押匯業務，根據各地出產不同而區別進行，如陝州、潼關兩個分社的設立，主要負責承運西北的棉花，墟溝、新浦和連雲港三地設分支社，主要負責調運淮鹽；又如藉助上海商業儲蓄銀行金庫與承做押匯的有利條件，推進業務，汕頭辦事處負責運糖，宜昌分社負責運桐油等。

英商怡和輪船公司南京分公司因經營不善，特將公司業務委託中國旅行社代理。1936年2月1日，中國旅行社接收並設南京怡和輪船公司代理處。代理項目包括：囤船管理、貨運兜攬、船頭代辦、倉庫管理、房產照料以及客票代售等，就比例而言，貨運業務絕大部分接辦數月，就有了盈餘，這是最早輸出管理的成功範例。

中國旅行社眾多的分支機構的能力是一般運輸行所不能企及的，憑此優勢，再加上嚴格的管理、精心的服務，雖是初辦貨運業務，但迅速發展壯大。截至抗戰前夕，客運、貨運、招待所成為中國旅行社的三大基本業務。

英商怡和輪船公司的輪船

（三）代理保險業務和郵政業務

1932年，為配合旅行社的客運與貨運業務，保證遊客在遊覽過程中和貨物運輸過程中出現意外事故能得到及時補償，中國旅行社開始代理保險業務，有水險、火險、意外險和行李險四種險種。與之合作的保險公司有四海保險公司、楊子保險公司以及上海商業儲蓄銀行投資的寶豐保險公司等。

1935年12月31日，上海郵政管理局頒發第八號執照，中國旅行社獲准在總社和分社所在地設立郵政代辦所，可在南京、上海、北平等14處代辦，凡是普通航空、快捷、掛號、郵件及包裹均可以代為收寄，並代售郵票及印花稅票，有了此項服務後，旅客可以直接將郵件交給中國旅行社的招待人員代為遞發。1939年，中國旅行社還與交通部電報局及無線電台訂立了代收電報辦法，可以為旅客提供電報服務。這些業務雖然不是中國旅行社的主要業務，但極大地方便了旅客，對中國旅行社也起到了很好的宣傳作用。

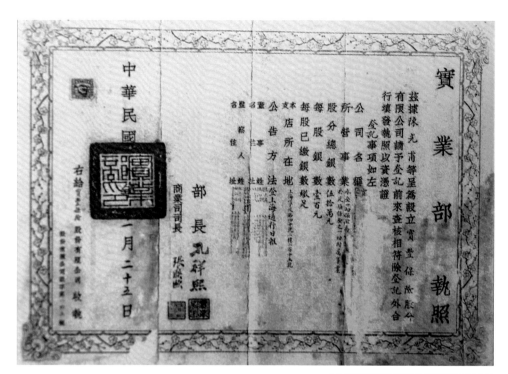

上海商業儲蓄銀行投資的寶豐保險公司執照

（四）銷售土特產

為滿足遊客需求，也為得到更多經營收益，中國旅行社一直重視土特產的經營，各地分支機構常年向旅客銷售當地的特色物產，如成都、重慶分社銷售川繡，曲靖支社銷售宣威火腿等。杭州分社曾專門在西湖中佈置了一艘美麗的「土產供應船」，輪流與湖中的遊覽船併靠，遊客在遊湖時就能買到杭州特產，既節約了時間，還增加了遊興。

五、開啟旅行專業培訓模式

中國旅行社業務日益拓展的原因：一是因為全心全意服務社會的精神和優秀的服務質量；二是因為它始終堅持嚴格的品牌管理和獨特的企業宣傳。

要提供優質服務，必須有優質的人才。陳光甫先生一方面注重培養導遊人

員，開設訓練班，甚至招募大學畢業生送至英美進行培訓，或從外國請來專家授課，儲備、培養導遊人才；另一方面十分注重企業文化建設，開辦圖書館，出版內部刊物《旅光》，從業人員有互相交流的園地，從中受到教育啟迪。

陳光甫先生曾對旅行社人員說：「吾同人有必須注意者，吾人經營斯，宗旨在輔助工商，服務社會。平時待人接物宜謙恭有禮，持躬律己宜自強不息，務求顧客之歡心，博社會之好感，庶幾無負創業初衷。」為貫徹服務大眾的宗旨，陳光甫先生一再要求中國旅行社員工對顧客要做到笑臉迎接、面手清潔、衣服整齊，對於招待所更有三項具體要求：一是要讓旅客能有好的睡眠，要保持環境的幽靜，嚴禁喧嘩，同時所有臥具被褥，要隨時換洗，保持整潔；二是要讓旅客能有舒適的沐浴，以舒身心的困頓；三是要供應旅客潔淨簡便的膳食。關於收費合理、侍應周到等方面，就更被視作應有的義務。此外，中國旅行社的招待所禁止舊式旅館中出現的抽鴉片、賭、娼三害。

歷史音頻：最初的企業文化建設

中國著名漫畫家華君武先生曾是中國旅行社職員，他回憶在中國旅行社任職的往事時提道「在中國旅行社有一件事至今我仍記得十分清楚，即在每個職員桌上玻璃板下有一張鉛印的小紙條，上面寫着：當你和顧客談話時，不要忘了‘請’字，其他字體是黑的，只有‘請’字用紅色，以示醒目」。

歷史音頻：中國旅行社對服務質量的管理監督

中國旅行社講究體貼入微的人性化服務。在中國旅行社的檔案中，記載着陳光甫先生派巡視員「微服私訪」各分社的情況，茲摘錄兩條。

1937—1948年

風雨同舟·艱難險阻中砥礪前行

　　抗日戰爭全面爆發，旅遊業失去了生長的土壤，中國旅行社與山河共命運，在困厄中堅守服務意志。

　　在嚴峻的危機面前，中國旅行社秉承創新服務的精神，利用與各地交通機構關係密切的優勢，以食宿和貨運服務為主，克服艱難險阻，服務戰時需要，成為抗日報國的一股力量。國寶祕密南運、兵工器材轉運，危難之際疏送民眾、協助華僑歸國支持抗戰、營救援華盟國空軍、輔助營救文化精英，凡是後方重要公路幹線幾乎均有中國旅行社的服務。

第一章│抗戰時期的堅守與創新

　　抗日戰爭時期，因國難當頭，戰火紛飛，一般旅遊業務已很難開展，基本停頓。但中國旅行社利用自身優勢和經營特長，為抗日群眾解決交通問題，並為運輸抗日需要的進出口物資提供運輸便利，可以說是為抗日戰爭的勝利做出了積極貢獻。中國旅行社在服務行旅，支持抗戰的同時，主營業務得到長足發展。

一、被迫停業轉變發展戰略

　　1937年，抗日戰爭全面爆發，日本侵略軍主要沿着交通線推進，而中國旅行社的分支機構大多數沿着交通線分佈。因此，中國旅行社的財產和業務受到嚴重打擊。雖然面臨嚴峻形勢，但中國旅行社依然堅持「服務社會」的宗旨，一方面組織淪陷區的機構人員撤往後方，另一方面沿着戰時交通線開設新的分支機構，繼續為抗日群眾提供服務。

　　1938年夏，上海商業儲蓄銀行總行遷到香港，它的兩個最大子公司——中國旅行社和大業貿易公司總管理處一同遷往香港的皇后大道中6號。1939年秋，中國旅行社為節省外匯，從香港遷返上海，除副社長唐渭濱留駐中國旅行社香港分社外，其他人員全部返滬。1942年2月，中國旅行社遷往重慶。1946年3月，中國旅行社從重慶遷回上海，立即恢復市場業務。

　　中國旅行社華東、華北和華南一帶的分支機構均因地區淪陷而不得不停業或撤離，前後約40處（包括分社和招待所等）。例如，1937年11月15日，在蘇州地區遭受日本侵略軍2個月的大肆轟炸後，蘇州分社被迫停業；1939年8月，北平分社被迫停業；1941年，太平洋戰爭爆發後，上海、香港、新加坡、馬尼拉、仰光等分社被迫停業。

　　但是，在淪陷區仍有少數分社維持並保留了相當長時間。當時華北各地淪陷較早，很多愛國人士來不及離開敵人佔領區，中國旅行社預留北平、天津和青島分社協助內遷。隨着物資和人口大規模的內遷，中國旅行社也緊隨西進交通線的擴展和戰事變遷，以靈活多樣的方式，適時、適地不斷增設新的分支社、招待所、食堂等分支機構，其中，尤以招待所、食堂為重點。從淪陷區撤往後方的精幹人員成為新設機構的中堅力量，如蘇州、無錫、鎮江等地分社撤離人員抵達漢口的當天就被委任新的職務。

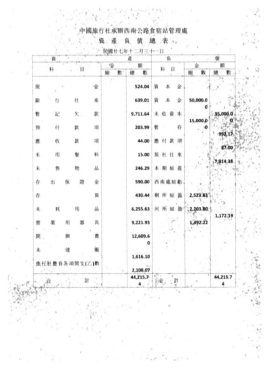

1938 年中國旅行社承辦西南公路食宿站管理處資產負債總表上海檔

案館藏：中國旅行社檔案，檔案號 Q368-1-555

歷史音頻：行李寄存 10 年後「完璧歸趙」

　　1941 年，中國旅行社上海分社被迫停業，但留守的職員忠於職守，使旅客寄存的行李未受損失，10 年之後「完璧歸趙」，令客人驚歎不已。

當時中國旅行社的發展主要循着兩大方向：一是循着國際交通路線，由粵港、滇越、滇緬通向大後方，二是循着西南、西北公路網在內地發展。改變了原來依靠自身投資發展的思路，除在大城市中獨立投資經營少數機構外，主要與政府交通機構合作在交通沿線樞紐地段設立分支機構。截至 1941 年年底，中國旅行社新設分支機構約 65 處，後因太平洋戰爭爆發，隨着戰爭形勢的變化，18 處停業（表 2-1 中標有「＊」處），47 處繼續營業。

表 2-1　1937 年 7 月至 1941 年 12 月中國旅行社新設分支機構

性　質	機構名稱
自設分支社、辦事處（21 處）	重慶、成都、宜賓、樂山、瀘縣、貴陽、昆明、柳州、梧州＊、廣州灣＊、蘭州、寶雞、曲江、贛縣、海防＊、河內＊、老街＊、西貢、仰光、臘戍、馬尼拉
自設招待所（9 處）	重慶、內江、成都、宜賓、貴陽＊、昆明、河內＊、漢口＊、長沙＊
承辦招待所（27 處）	梓潼、綦江、獨山、河池、安南、平彝、黃平、宣威、咸寧、畢節、敘永、瀘州、蘭州、華家嶺、平涼、廟台子、漢中、襄城、寶雞、廣元、楚雄＊、下關＊、永平＊、保山＊、芒市＊、贛縣、吉安
承辦食堂（7 處）	烏江＊、馬場坪、黃果樹、盤縣＊、簡陽＊、資陽＊、曲靖

上海檔案館藏：中國旅行社檔案，唐渭濱，《中旅二十三年》檔號 Q368-1-37

二、服務戰時需要與業務發展

（一）致力貨運重任在肩

抗戰之前，中國旅行社已利用全國各地分支機構與當地交通機構關係密切的優勢，成功進入貨運領域。抗戰以來，搶運物資成為非常重要的盈利業務。此

時期中國旅行社不遺餘力地接受各界委託，承辦貨物運輸。各地均有中國旅行社的貨倉，並由經驗豐富者管理，所以能長途接轉貨物，減少客商風險。據統計，到 1940 年 6 月底，遷入內地各省的民營廠礦共 425 家，技術工人 1.2 萬餘人，內遷設備 12 萬多噸。中國旅行社貨運業務收入由 1937 年的 170 萬元猛增至 1941 年的 1600 多萬元，增加了近 10 倍之多。

其中，有兩件肩負歷史重任之事：一是當日軍在華北一帶咄咄逼人之際，中國旅行社受國民政府委託，承接故宮博物院國寶祕密南運事宜；二是 1937 年春，中國旅行社與國民政府軍事委員會兵工署訂立合同，承運兵工器材。

1931 年，「九一八」事變，日軍侵佔東北三省，1933 年進逼山海關，距離北平不到 300 千米，國民政府十分關切北平故宮博物院所藏珍貴國寶的安全，於是將故宮博物院國寶南運。在此關鍵時刻，中國旅行社接受了國民政府委託，承辦國寶南遷的運輸任務，將 13000 多箱珍貴文物分五批運送到上海，等待南京朝天宮庫房擴建完工後，再運至南京。其中，還有 735 件國寶被運送至英國參加「倫敦中國藝術國際展覽會」。5 月 17 日展覽會結束，運送文物的英國輪船抵達上海，當日中國旅行社派汽車裝載運赴上海北站，後轉入滬寧線專車運至南京。自 6 月 1 日起，故宮博物院赴英參展的文物在南京展出三周後再運回上海存庫，皆由中國旅行社承辦。

歷史音頻：抗戰時期的歷史貢獻
抗戰時期，兩件肩負歷史重任的事情。

文物南運工作歷時 15 年，近兩萬箱、百萬件文物，行程數萬千米，曾在徐州、鄭州遭到日軍飛機的轟炸，在峨眉經歷了大火的考驗，但都能化險為夷，沒有丟失損毀。這是中國文物保護史乃至文化史上的奇跡，也是中華文明史上的奇跡。在國寶南運過程中，中國旅行社的有關人員冒着生命危險參與承運、押送，雖然沒有留下姓名，但充分體現了中國旅行社員工強烈的愛國熱情。

1937 年春，中國旅行社與國民政府軍事委員會兵工署簽訂合同，承運與國防有關的兵工器材。11 月 16 日，南京金陵兵工廠奉命西遷。12 月 1 日，中國旅行社發動 500 名員工，大家廢寢忘食，用了不到半個月的時間，完成了全廠機器拆卸和裝箱打包等工作，利用火車、汽車、輪船、木船等運輸工具，順利將機器轉運至西南後方，為抗戰貢獻了力量。

因時間緊迫，金陵兵工廠遷渝時，職工家屬來不及隨行，這不免會影響內遷工人的情緒和生活。為解決此問題，上海分社受有關部門祕託，運送南京金陵兵工廠職工家屬。首先，他們祕密派人到南京一帶讓幾百名家屬分批乘坐火車前往上海，到達上海後，安置他們在上海分社四樓的幾間寬敞房間裏。為保證安全，白天不出門，由分社派人送去膳食，並提前將船票和護照準備妥當，晚上分社派人幫助他們登上怡和或太古開往越南海防的輪船，到達海防後，再乘坐滇越鐵路火車北上，最終與家人團聚。

中國旅行社海防分社開幕同仁合影留念

1933年2月5日萬餘箱國寶從神武門出發正式啟運

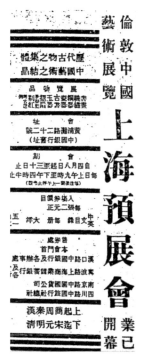

1933年《申報》有關上海預展
會開幕的報道

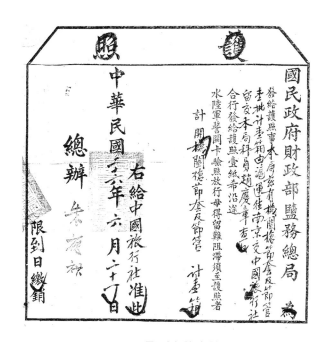

國民政府委託中國旅行社承運兵工器材批文

（二）全力疏送民眾

「七七事變」，戰爭最先從華北爆發，引發人員疏運高潮。華北各地的避難民眾分水陸兩路南下。北平分社預售船票並辦理平津行李聯運，可讓大家免受行李拖累，延誤撤離時機。

「八一三」淞滬戰役爆發，日軍進攻上海，華東開啟更大規模的疏運，溯江西上是主要通道。當時上海火車北站已淪為戰場，為減輕車站與旅客的危險與困難，鐵路局將所有由上海西站為起點的火車客票全部交由中國旅行社代為發售，行李也由旅行社代為運轉裝車。淞滬戰役後，上海至南京鐵路中斷，中國旅行社緊急與外商輪船公司聯繫，商議開闢上海至南通航線，並負責發售此新增航線的船票，使旅客可以從上海經南通至揚州。

一個月後，南京淪陷，航線受阻，內進的路線改為經香港再轉粵漢鐵路或粵漢航線至武漢。中國旅行社在上海、香港、廣州、長沙和漢口等地分社密切配合，開展聯運業務。港粵線雖然比較便利，但相較於眾多內遷人員，運力仍然有限。中國旅行社開始加快新線路開發，恢復、新建招待所，在柳州設分社，並提前對海防到昆明的滇越線進行佈局。

（三）協助華僑歸國支持抗戰

全面抗戰開始後，南洋各地僑胞群情激憤，義憤填膺，其中有很多志願返國共赴國難者，國家開發西南需才甚急，僑胞中技術人員（華僑機工、青年學生）為數尤多，他們響應以愛國僑領陳嘉庚、莊明理為首的南僑總會的號召，

歷史音頻：在抗戰烽火中疏運旅客
中國旅行社幾經籌劃，始由荷蘭郵船公司派輪船載運學生由滬赴港，然後乘輪船前往歐美。此外，疏運滯滬避難旅客千餘人南下香港。

紛紛回國參加抗戰。中國旅行社受托辦理華僑技工歸國事宜，先後十餘批，總數達五六千人，他們先在新加坡集中，由中國旅行社新加坡分社為他們分期分批包租輪船至西貢，並派員隨船照料，在西貢的食宿和前往昆明的火車座位，均由西貢分社人員給予安排。

陳嘉庚組織的南洋技工回國隊伍

莊明理在一篇題為《陳嘉庚和華僑機工》的文章中，詳細記載了華僑機工、青年學生自南洋回國參加抗戰的經過。大批華僑機工、青年學生在西貢中轉時，中國旅行社西貢分社給予了無微不至的照顧和服務。

（四）輔助文化精英大營救

1943年，輔助共產黨領導下的東江抗日遊擊隊在百餘天時間內，把800多名滯港的抗日文化名人、愛國民主人士以及他們的家屬在抗日遊擊戰士的護送下，神奇般地在日寇「眼皮底下」從香港這個孤島「消失」，順利回到了內地大後方。

抗日遊擊隊開闢了陸路和海陸兩條主要線路：東線從九龍前往西貢然後乘船進入內地，轉入惠陽抗日根據地；西線從九龍到荃灣，越過香港最高山大帽山到達元朗，然後渡過深圳河，進入寶安抗日根據地。就東線而言，早在1940年，中國旅行社總社遷至香港後，為開闢由香港內進的第二條路線（第一條取道海防），就曾派人考察從法國租界廣州灣（今湛江港）至廣西柳州的公路交通，計劃沿途設立分支機構，之後由於廣州至玉林的公路被破壞，此事未能繼續推進。

太平洋戰爭爆發，中國旅行社重提舊事，在廣州灣設立分社、在玉林設立招待所，並加強玉林支社力量。每天「白銀丸」號輪船從香港駛抵廣州灣，中國旅行社會立即派人迎接，幫助脫險歸來的文化名人和同胞解決食宿問題，隨行安排他們從廣州灣到玉林，並在玉林招待所和玉林支社的幫助下前往全國各地。

1943 年廖承志在廣州與脫險的文化界人士合影
（前排左起：茅盾、夏衍、廖承志。後排左起：潘漢年、汪馥泉、郁風、葉文津、司徒慧敏）

歷史故事：輔助文化精英大營救

「白銀丸」號輪船每日均會從香港駛抵廣州灣，中國旅行社的接待人員會立即接船，為這些脫險歸來的文化人和同胞解決食宿以及去往玉林的轎子和挑夫等問題。

（五）招待所和食堂

中國旅行社的招待所與食堂遍及西南公路、川滇東路、滇緬公路、江西公路及西北公路各線，凡是後方重要公路幹線幾乎均有中國旅行社的服務。為了給旅客提供「賓至如歸」的體驗，中國旅行社的員工長期工作在荒僻的交通沿途，付出了艱辛努力。

1938年12月21日，中國旅行社與西南公路運輸處達成協議，由運輸處出資，中國旅行社代為經營公路沿線的招待所、食堂。同時，甘肅省建設廳也邀請中國旅行社比照西南公路運輸處的開辦方法，在西北公路沿線提供服務。為配合開發大西北的需要，中國旅行社除加強原有機構外，還與西北省市交通軍政等機關合資建設了蘭州西北大廈（當時為蘭州最重要的社交活動場所），受西北公路局委託辦理天水招待所，受新疆省政府委託辦理迪化南花園（今烏魯木齊）招待所以及自設哈密支社。

1939年，蔣介石發佈命令，西南西北公路沿線未設招待所的地方，都交由中國旅行社計劃限期籌設，而所有費用均由軍事委員會撥付。中國旅行社開設的這些分支服務機構既支援了抗戰運輸，也使自身在西南、西北大後方建立了一個範圍廣大的服務網絡。

截至1941年，中國旅行社在重慶、成都、貴陽、昆明、蘭州、寶雞、漢中、廣元、獨山、宣威、楚雄、保山、河內、西貢、仰光、馬尼拉等地設立的分社、招待所和食堂共達60餘處，主要照料自淪陷區向內地遷移的民眾。

1938年中國旅行社公佈新營業區啟事

（六）為援華盟軍服務

昆明商務酒店、西安西京招待所、蘭州西北大廈等均被指定為招待盟軍食宿的處所。成都分社附近因有空軍基地，駐有盟軍甚多，為此設立導遊處，調集一些有經驗的導遊人員，專事引導盟軍遊覽成都一帶的風光景物，並介紹中國悠久的歷史文化和民間習俗。在公路沿線招待所，加派通曉外語的職員，一方面便於接待盟軍，另一方面協助地方機關辦理涉外事宜。其中特別值得一提的是在陝西潼關和四川敘永兩次協助地方人員營救失事的盟國空軍，使他們安全返回基地，盟國友人對中國旅行社留下深刻印象。

抗戰期間，中國海陸交通線幾乎被日本完全切斷，對外聯繫完全依賴滇印公路以及空運。中國旅行社在滇印線上加設分支機構，及時為出國人士和來華盟友提供服務，並於 1944 年在發揮交通樞紐作用的印度加爾各答設立招待所。同時，與印度柯克司金旅行社合作，辦理國際客貨運輸業務。1944 年，在美國設立辦事處。1945 年，在孟買設立分社，與加爾各答招待所互相照應。在整個抗日戰爭中，中國旅行社在打破日本侵略者對中國後方的交通封鎖方面發揮了重要作用。

印度加爾各答招待所

中國駐加爾各答領事館協助中國旅行社成立招待所的公文

三、戰時的宣傳出版工作

上海淪為「孤島」後，中國旅行社在上海經營的出版業務，勉強維持了一段時期。除《旅行雜誌》繼續出版外，還編印了膾炙人口的《西南攬勝畫報》、潘泰封編寫的《中國旅行手冊》和江叔良等編寫的《香港通》，但發行困難，障礙重重，特別是無法大批郵寄內地，《旅行雜誌》稿源也漸趨枯竭。

歷史音頻：加爾各答招待所的設立

1944年，中國旅行社在滇印線上發揮着交通樞紐作用的印度加爾各答設立招待所，及時為出國人士和來華盟友提供服務。

　　1942 年初夏，在桂林成立直屬總社的出版機構。除在桂林出版《旅行雜誌》外，還有 32 開本的《旅行便覽》半月刊、《西北行》《川康遊蹤》《歐美采風記》《大時代的夫婦》《桂林導遊》《興安勝跡概要》《皖南旅行記》《西南西北交通圖》等。中國旅行社內部刊物《旅光》，以「增進服務知識，砥礪人生修養」為宗旨，專供職員閱讀、學習，對團結全社職工在旅行服務戰線上努力工作起着一定作用。同時，受桂林當地一些進步文藝刊物的委託，利用中國旅行社遍佈祖國大後方各地的分支社，桂林直屬總社出版機構成為它們的總發行。

　　自 1944 年夏季起，中旅出版業務全部遷渝辦公，1946 年 3 月遷回上海。重慶版的《旅行雜誌》曾舉辦過大學生獎學金徵文，收到應征稿件數百篇，由以茅盾為首的評選委員會評定出得獎作品共 20 篇。

《西南攬勝畫報》

《旅光》第一卷封面

第二章│抗戰後期的重建

一、組織復原工作

經過十四年抗戰，日本在 1945 年 8 月 15 日宣佈投降。勝利期盼已久，中國旅行社在穩步推進原有業務的同時，積極配合復原工作，將後方的大量人員和物資在短時間內輸送到收復地區作為當務之急。公路線路亟需增設食宿設施，中國旅行社與西南公路運輸局、隴海鐵路局及陝豫聯運處等交通機關緊密合作，在位於第一、二、三線的中樞馬場坪，第二線中樞黃平、晃縣、安昌，第五線中樞陝縣、靈寶等處，快速建立起招待所。這些招待所有的是由路局投資，有的屬於自辦性質，對東歸行旅客人來說，嘉惠匪淺。

在上海商業儲蓄銀行的支持下，中國旅行社在短短兩年時間內陸續恢復國內組織原有機構。其中，最先恢復的是交通線上的各大樞紐，如上海、南京兩地分社於 1945 年 10 月復業，其次是蘇、杭二地，再次為無錫、鎮江。截至 1947 年年底，共復業 53 家機構（見表 2-2）。

國外組織復原部分，戰前及抗戰初期曾在新加坡、馬尼拉、海防、河內、老街等地設立分社或招待所，太平洋戰事爆發後，各地淪陷，上述社所因而被迫停業。勝利後，本打算陸續恢復分支機構營業，但因各種原因，未能復原，越南分支機構因越南戰亂暫停經營。新加坡、馬尼拉兩地以當地法律對僑商經營限制甚多，尚有外匯管制問題，一時無從着手。至於戰事後期在加爾各答、孟買兩地設置的分支機構也因失去交通重要性結束營業。

表 2-2　1945 年 8 月至 1947 年中國旅行社復業單位

性　質	地　點	名　稱
分支社、辦事處	京滬鐵路沿線	上海（附辦事處、服務處共 8 個）、蘇州（附辦事處）無錫（附辦事處）、鎮江、南京（附支社、辦事處、服務處共 4 個）
	浙贛鐵路沿線	金華、上饒、鷹潭、南昌、九江、牯嶺＊、蓮花洞＊
	粵漢鐵路沿線	漢口（附辦事處 1 個）、長沙、衡陽、廣州
	隴海鐵路沿線	鄭州、徐州（附支社、辦事處共 2 個）
	津浦鐵路沿線	蚌埠
	膠濟鐵路沿線	濟南、青島
	平津鐵路沿線	北平（附支社 2 個）、天津（附辦事處 2 個）
	晉冀鐵路沿線	石家莊
	海外	香港
招待所		九江、金華、南昌、青島、北平、徐州

注：帶「＊」者為夏令辦事處。上海檔案館藏：中國旅行社檔案，唐渭濱，《中旅二十三年》檔號 Q368-1-37；

《中國旅行社歷年機構變動情況表》檔號 Q368-1-188

二、鼎力支持東歸

據估計，在整個抗戰期間，自東部奔向西部大後方的志士仁人不少於 500 萬人。日本投降，這個龐大隊伍中的極大部分想早日東歸，一方面和久別的親人團聚，另一方面醫治戰爭創傷，投身於恢復舊業的行列。可是「故園東望路漫漫」，山河破碎，交通險阻，如非捷足，頗有寸步難行之歎。

當時的東歸路線，除空運專供政府接收人員使用外，一般供民用的東去水陸交通，有以下五線：

（一）由渝、昆出發，經貴陽由公路南下柳州，換乘輪船赴粵；

（二）由渝、昆出發，經貴陽由公路至衡陽，轉火車至漢口，再溯江東下；

（三）由重慶沿川湘公路水陸聯運至長沙，轉火車至漢口，然後乘輪東下；

（四）由重慶搭船沿川江東下，或直達漢口、南京、上海，或在宜昌換船東下；

（五）由重慶至寶雞，轉火車經西安至潼關，換陝豫聯運處汽車至洛陽，再換火車至鄭州，或南下漢口，或東去徐州，再分程至寧、滬。

中國旅行社以有限的人力物力應對巨大的東歸壓力，一切只能從速從簡。1945 年秋，中國旅行社抽調人手，以最快速度在上述各線沿途（川湘公路因旅客少，故除外）籌設分支社、招待所和食堂多處，為東歸旅客服務。在食宿供應方面，由交通機構投資委辦，南有中國運輸公司委辦的馬場坪食堂，黃平、晃縣和安江三個招待所；北有陝豫聯運處委辦的陝縣和靈寶兩個招待所。在分支社方面，衡陽、長沙、宜昌、漢口、南京、上海、柳州、成渝、川滇各公路沿線的幾十所招待所食堂也都為復員東歸的旅客服務。據統計，自復員工作開始到次年秋季，中國旅行社各分支機構接待的東歸旅客約 50 萬人次。

三、重啟遊覽業務

中國旅行社各分支機構復業，以重建遊覽業務為首要工作，多次組織旅行遊覽團，遊覽地區最多的有寧滬杭一帶，如蘇州、無錫、杭州、常熟、佘山、奉化、桐廬、金華等。其次是北平、青島、滁縣、雞公山、台灣、廣州等地。麥加朝覲團和留學生團也陸續恢復辦理。

中國旅行社各分支機構除辦理此時期大型團體集會出席人員的往返旅行事宜外，還派員常駐會場，設立問訊處，代辦各種會員委託事項。如在南京舉行的制憲國民大會、聯合國遠東基本教育會及全國醫師工會第二屆代表大會，在上海舉行的中國科學社、中華自然科學社、中國氣象學會、中國天文學會、中國地理學會、中國動物學會、中國解剖學會等年會，以及中華聖公會全國年會第十屆總會，在杭州舉行的世界基督教女青年會大會等。

同時，新開闢東北、台灣兩個經營區域。東北淪陷 10 餘年，台灣被佔 50 年，一朝光復，各地人士相率前往，尤其台灣風光旖旎，大陸旅遊人士接踵而至，盛極一時。陳光甫先生認為中國旅行社前往經營，不僅可以便利工商業的發展，也可以加強兩岸文化交流，有助於民族團結。當時，中國旅行社受台灣地方當局委託，首先在台北設立分社負責全省業務，隨後設立了基隆、高雄分社，並各自接管一處招待所。

中國旅行社台北分社

台北招待所

　　國際遊方面，也逐漸復甦。隨着各大郵船相繼複航，航空事業的日益發展，為國際旅遊提供了便利。但當時出國限制非常嚴格，手續煩瑣，如請領護照、申請外匯、領簽證等事項。因此，中國旅行社除代辦客票、代領護照外，及時採取相應措施給予積極協助，為出國行旅客人提供便利。

　　對於外國來華旅客，如果是團體，中國旅行社就派人在機場或碼頭外迎接。其中，比較有影響的有接待英國商務訪華團、鮑萊考察團、中美農業技術合作團等。對於散客，組織前往當地或附近名勝地區觀光遊覽。對於外國外交人員入境接待及國內旅行，大使、公使級別人員由政府主管部門直接接待，其他人員均由中國旅行社接待。

　　1947年，中華民國外交部向各國駐華使館介紹中國旅行社，並委託中國旅行社代辦各國駐華外交官員和有關人士入境，以及國內旅行等事宜。1948年3月，中國旅行社專門在上海聯合國大廈內設立辦事處，負責聯合國職員因公來華旅行的接待工作。

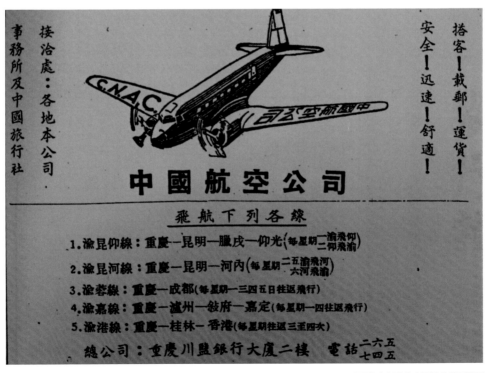

四、拓展新市場

（一）拓展航空客運業務

第二次世界大戰後，世界局勢動盪，經濟不穩，國內局勢緊張，上層人士大量外遷，卻苦於交通不暢，中國旅行社為適應新形勢的需要，在客運業務上做出較大改變，與中國航空公司、中央航空公司及民航局空運隊合作開展包機服務，先後在北平、瀋陽、天津、青島、漢口、上海、西安、廣州、重慶與台北間包機 72 次。

中國旅行社除代辦客票、代領護照外，隨旅客的需要拓展服務：向政府申請經辦外匯業務；與舊金山優質旅館簽訂合作協議，使中國旅行社推薦客人享受

中國旅行社代售中國航空公司機票

很多優惠；恢復與美國聖太飛、南太平洋等鐵路公司在戰前的合作；爭取外國銀行在華代理處，或經售其客票。

（二）拓展貨運業務

抗戰後期，因為對外交通受到敵人封鎖，中國旅行社的貨運業務雖有經營，但規模較小。抗戰勝利之後，海運重開，各主要鐵路也相繼修復，貨運業務又快速增長。但隨着解放戰爭的爆發，北方鐵路多被破壞，運輸能力及貨物安全大受影響。中國旅行社將貨運重點轉向水路。許多輪船公司因各種原因未能遍設分支機構，中國旅行社憑藉網絡優勢，作為他們的各地代理，幫助辦理裝卸、搬運等業務。當時與中國旅行社有代理合作協議的輪船公司數量眾多，中國旅行社可以藉此推廣運輸線路，提高輪船運輸載貨率，小公司則可以較小成本獲得快速發展，此舉措起到了互惠互利的作用。

03

1949—1978年

光榮使命 · 華僑接待與外事服務

　　雲開霧散卻晴霽，中華人民共和國成立初期，新中國旅行社系統以外事接待和僑務工作為使命，傾力服務外國客人和海外僑胞。

　　中華人民共和國成立後，百業待興。華僑旅行服務社以接待海內外華僑為始，香港中國旅行社以保障港澳台胞為任，中國國際旅行社以服務社會主義國家自費旅遊者為主，直面帝國主義封鎖，以優質的服務成為中華人民共和國成立初期外事服務的「三駕馬車」，為新中國外交僑務事業保駕護航。

百年中旅
CHINA TOURISM GROUP

一、華僑旅行服務社

　　福建省是我國著名的僑鄉，廈門口岸是華僑、僑眷出入境的主要集散地。據統計，1947 年至 1949 年從福建省出入境的華僑、僑眷超 16 萬人。1949 年 10 月 17 日廈門市解放，由於當時廈門航運和海運陷入停頓，陸路交通不暢，在香港等候輪船回國以及滯留在廈門準備出境的華僑數千餘人。為方便僑胞、僑眷出入境辦理各項事務及觀光旅遊，1949 年 11 月 19 日，中華人民共和國成立的第 50 天，廈門華僑服務社（後稱華僑旅行服務社，也是中國旅行社的前身）成立。其後，廣東省、福建省等重點僑鄉和許多中心城市相繼成立華僑服務社。

1949 年毛澤東主席在中南海接見由華僑旅行社接待的著名僑領陳嘉庚先生

廈門華僑服務社以為服務僑胞為宗旨，主要為華僑、港澳同胞、台灣同胞和外籍華人及其親友來華探親、旅遊提供各種服務。

廈門華僑服務社成立之初由廈門市人民政府僑務局領導。為方便僑胞了解廈門華僑服務社的性質和任務，僑務局編印了《廈門市華僑服務社介紹》，明確了廈門華僑服務社主要服務內容：一是協辦或代辦僑胞出入境手續；二是代辦僑胞出入境各線交通旅運事項；三是指導或協助僑胞辦理申請貸款救濟等事項；四是代辦僑胞委託房地產登記、房地產管理及各種物資保管業務；五是代辦僑胞、僑眷委託調查南洋各地移民條例或入境手續；六是減輕僑胞旅費負擔，設立住宿機構專供僑胞投宿。

1952年9月，為滿足更多華僑、僑眷的需要，設立了福建華僑服務社，在南平、上饒、鷹潭等地建立接待站，在閩侯、福清等縣設立服務站。1954年，福建省僑委召開了全省第一次華僑服務社經理會議，會議認為全省各地陸續建立了華僑服務社，業務也逐漸擴大；同時為進一步做好對華僑、僑眷的服務工作，會議決定：成立福建省華僑服務社，負責對各地區華僑服務社的領導；統一華僑服務社的名稱；統一人事、財務，由省社統一管理。

截至1956年7月，又成立了北京、天津、瀋陽、長春、哈爾濱、漢口、南京、上海、杭州、濟南、昆明等16個華僑服務社。

歷史故事：華僑服務社的創立

中國旅行社的歷史始於僑鄉，追溯其歷史淵源得從僑鄉說起……

—— 摘自《中旅之窗》1987年1月1日總第1期

1957 年 3 月，全國各地的華僑服務社統一名稱為「華僑旅行服務社」，同年 4 月，華僑旅行服務社總社在北京成立，統籌全國各地華僑旅行服務社的工作，初步形成全國性服務網絡。

1960 年周恩來和鄧穎超親切會見華僑旅行服務社總社接待的華僑農場歸國華僑

二、中國國際旅行社

中華人民共和國成立之初，從中央到地方均未設立常務機構專門負責外賓招待任務，招待工作多是臨時調集有關部門人員完成。隨着國民經濟的迅速恢復和抗美援朝的勝利，中華人民共和國的國際聲譽日益提高，加上國家為了打開國際活動的新局面，大量邀請外賓訪華，接待工作越加繁重。

為適應形勢需要，解決日益增多的外賓招待任務，1954 年 3 月 9 日，中共中央國際活動指導委員會批准成立中國國際旅行社總社（簡稱「國旅總社」），並報政務院批准。這是新中國第一家專門面向外國人開展旅遊業務的旅行社，標誌着新中國國際旅遊業的開始。

同年 4 月 12 日，國旅總社籌備委員會與鐵道部簽署關於發售國際鐵路旅客

聯運乘車票據合同。4 月 15 日，國旅總社在北京西交民巷 4 號正式成立。廖承志、齊燕銘、劉貫一等人組成董事會，宋秋潭擔任經理，王超北為副經理，並發佈了「中國國際旅行社成立啟事」，宣佈自 4 月 21 日開始發售國際旅客聯運客票。

4 月 28 日，政務院向天津等 12 個城市發出了《關於各地成立中國國際旅行社分社的通知》，要求上述城市成立中國國際旅行社分社，並確立總、分社為垂直領導關係。從政務院發出通知到 1955 年 2 月召開中國國際旅行社第一次全國經理會議，10 個分社已基本建立。截至 1957 年年底，國旅總社在全國主要大中城市及鐵路國際聯運站設立分支社 19 處。

（一）強化接待外國旅遊者專門機構的作用

1954 年，日內瓦會議結束後，中國的國際地位空前提高。來華的外賓和過去相比明顯不同，主要可分為幾大類：一是政府代表團；二是應邀而來的民間、半民間人民團體或社會賢達人士；三是經申請批准而來的自費外賓；四是境外賓客。因此，國旅總社依據實際國情以及國旅總社的現實情況，將解決飯店、汽車、財物歸口管理等基本問題作為當務之急。

1954 年—1970 年國旅總社辦公樓

　　1954 年 12 月 5 日，經廖承志等人討論決定國旅總社的財務納入中央財政部管理，並報國務院批准。在國家第一個五年計劃期間，每年向國旅總社投資 1000 萬元用於修建飯店、購置汽車等。

（二）承擔接待外賓的任務

　　隨着國旅總社的業務範圍不斷擴大，1955 年，國旅總社開始承擔接待外賓的任務，當時主要接待蘇聯及東歐社會主義國家的友好訪華團、援華專家及其他過境外賓。同年 9 月，蘇聯國際旅行社給中國國旅總社郵寄了《關於相互交換自費旅遊者合同書》，希望與國旅總社建立接待自費旅遊者的業務關係。同年 12 月，蘇聯國際旅行社負責人專程到北京與國旅總社商討簽訂合同事宜，並提供了聯合國國際旅行組織聯盟資料，建議國旅總社參加該組織。

1954 年—1986 年中國國際旅
行社標誌

　　1956 年 1 月 7 日，國務院批准《關於中國國際旅行社的現狀和 1956 年至 1957 年兩年的工作規劃》，規定國旅總社的主要任務：一是承擔一切外賓、外國來華代表團、外國旅行者和在華外交人員在中國旅行以及生活方面的接待工作；二是與各國旅行社服務機構建立聯繫，承辦國際聯運事務；三是在發展對社會主義國家旅遊者接待的同時，有限度地接待西方國家旅客。同時，同意組建中國國際旅行社領導小組，時任國務院副祕書長齊燕銘擔任領導小組組長，以協調解決中國國際旅行社的重大問題。

　　1957 年 2 月 9 日，國旅總社領導小組召開會議，研究與朝鮮民主主義人民共和國、捷克斯洛伐克、蒙古、阿爾巴尼亞、南斯拉夫、印度、日本、法國、錫蘭、比利時、美國和聯邦德國 12 個國家 22 個旅遊機構建立業務合作關係，決定對接待自費旅遊者採取逐步開放的方針。

　　1957 年 2 月 13 日，法國摩尼旅行社經理到北京同國旅總社進行業務會談並達成了協議，1957 年全年組織 3 批自費旅行團到中國旅遊，這些旅遊團成為西歐

國家第一次有組織的旅華團。同年 10 月，國旅總社代表團出席了在布拉格召開的首屆社會主義國家旅行社代表會議和捷克斯洛伐克切多克旅行社各國代理人會議，國旅總社藉此機會同各國旅行社負責人廣泛溝通，使各國旅行社進一步了解中國旅遊事業，增進了國旅總社同各國旅遊服務機構的友好關係。

國務院轉發中國國際旅行社總社關於籌設國際旅行社分、支社機構的報告的批示

1958 年 6 月，國務院下發中國國際旅行社總社關於籌設國際旅行社分、支社機構的報告的批示。

1960 年 2 月 26 日，國務院祕書廳印發《關於中國國際旅行社的機構性質問題的通知》規定：中國國際旅行社確定為事業單位，中央各部門在與該社發生業務聯繫時，應將其作為事業單位，但為了國際活動方便起見，該社對外仍可稱為企業單位。

1962 年 9 月 1 日，國務院批准中國國際旅行社《關於 1962 年進出旅行人數規劃的請示》，同意 1962 年接待各國自費旅行者 1830 人，其中社會主義國家 1630 人（包括古巴 120 人）、拉美國家 100 人、西方國家 100 人；批准出國旅行人數為 125 人（包括中蘇友協的旅行人數）。1963 年接待各國自費旅行者 2100 人。

1962 年 9 月 8 日，中共中央主席毛澤東、國務院副總理陳毅在北京接見了

1962 年 9 月 8 日毛澤東、陳毅等國家領導人接見國旅總社接待的古巴訪華團

由中國國際旅行社接待的首批古巴旅遊團，並同客人進行了友好談話。

　　1964 年 8 月，國旅總社與富士國際旅行社簽訂協議書，開始建立業務聯繫。10 月 14 日，先後與日中旅行社、日中和平觀光公司簽訂協議書，建立業務代理關係。日本逐步成為旅華第一大客源國。

　　1971 年 3 月，美國宣佈取消持美國護照中國旅行的限制。兩名美國科學家請求訪華，經國務院批准同意，國旅總社進行接待，這是新中國正式接待的第一批美國自費旅客。同年，中國國際旅行社共接待了 30 名美國旅遊者，從此揭開了中美旅遊史的新篇章。此後，中國國際旅行社接待的美國旅行者逐年增加。

　　1975 年外交部准予美國「特別旅行社」組織旅遊者來華，「特別旅行社」是美國與中國國際旅行社建立業務關係後第一家來華的商業性質旅行社，來華旅遊者也由初期友好團體為主發展為一般自費旅遊者為主。1978 年，美國來華旅遊人數已接近同年日本來華旅遊人數的一半，成為當時旅華的第二大客源國。

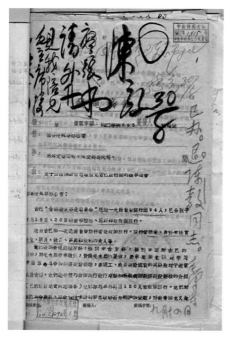

1962 年毛澤東主席
對國旅接待古巴訪華團有關請示的批示

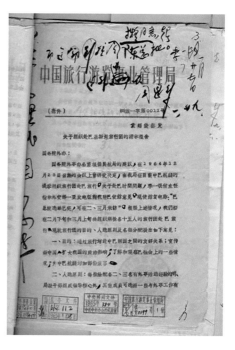

1965 年周恩來總理
對國旅組織赴巴基斯坦旅行團請示的批示

1973 年鄧穎超會見國旅總社接待的美國婦女友好訪華團

1978 年國旅總社接待美國心血管來華團

（三）努力為國家創匯

中國國際旅行社在開展業務過程中，同時擔負為國家工業化積累外匯資金的任務。1954 年 10 月，國旅總社在關於《1955 年中國國際旅行社的任務與保證完成任務的關鍵》報告中明確提出中國國際旅行社的總任務為吸收非貿易外匯，為實現社會主義工業化積累資金與爭取中國建設的和平環境。

1956 年 1 月，國旅總社與蘇聯國際旅行社簽訂《相互交換自費旅遊者合同》。這一合同的簽訂，標誌着國旅總社開始有了穩定的客源，實現了由接受各機關團體單位委託的外賓招待服務到直接引進客源以接待自費旅行者為主的轉變，努力為國家創匯。僅 1956 年接待的 1343 名蘇聯自費旅遊者，就為國家創匯 157 萬多盧布，按當時收支核算，接待一個旅遊者淨賺的外匯相當於為國家淨賺一噸鋼。

1957 年，經研究蘇聯國際旅行社模式並結合中國實際國情，國旅總社上報國務院《關於積極開展國際旅行事業，吸收外匯的請示報告》。1957 年 12 月

14 日，國務院印發了《關於加強中國國際旅行社對自費來華外賓的接待工作的通知》。

1958 年 1 月 9 日，國務院印發《關於發展國外自費來華者接待工作和加強國際旅行社工作的通知》，要求中央各部門對中國國際旅行社組織接待國外自費來華者的工作予以支持；同時，決定將中國國際旅行社體制下放，中國國際旅行社各地分、支社一律劃歸當地省（市）人民政府直接領導，但在業務接待方面接受國旅總社的統一指導，接受國旅總社分配的接待任務。前一時期國旅總社和分社之間的垂直領導關係改為業務指導關係。

三、香港中國旅行社

1949 年 5 月，上海解放。上海的私營銀行先後接受改造，實行公私合營。上海商業儲蓄銀行公私合營後受到美國的制裁，它在美國的幾百萬單位資產作為「敵產」被凍結。上海商業儲蓄銀行為了收回在美國的資產，被迫宣佈退出公私合營，結束中國內地業務，恢復海外業務。同時，也宣佈結束它屬下的中國旅行社業務。

中國旅行社香港分社這一時期由方遠謀主持工作，由於多年戰亂影響，中國旅行社香港分社連年虧損，經濟拮据，幾乎連工資都發不出來。當上海商業儲蓄銀行決定結束內地銀行業務並決定把中國旅行社交給國民黨政府時，方遠謀看到內地國民黨政府的腐敗無能，認識到只有共產黨才能救中國，他十分果斷地同當時已經歸屬中華人民共和國政府的中國銀行香港分行取得聯繫，希望中國銀行派人接收。

方遠謀（中）和中旅員工在口岸執行任務

　　鑒於形勢需要和中國旅行社香港分社的特殊作用，新華社香港分社責成中國銀行港澳管理處於 1951 年 7 月 1 日正式接管該機構，並進行整頓和改組，人事方面從經理到員工 33 人全部留用。新的領導班子由銀行管理處所轄新華銀行、金城銀行、國華銀行的三位經理徐湛星、陳伯流、麥佐衡以及方遠謀等人組成。徐湛星任董事長，其餘為董事，方遠謀出任經理，原副經理林宗茂主管客運，原副經理吳祖蓀主管貨運。（見表 3-1、表 3-2）

　　1952 年年初，中國銀行港澳管理處以旅遊、貨運業務不對口，不便於領導為由，請示新華社香港分社及內地有關部門，要求另行解決中國旅行社香港分社的歸屬問題。同年夏天，中國銀行、外交部、公安部、中僑委（中國華僑事務委員會簡稱「中僑委」，國務院下屬委員會）等單位在北京外交部會議室召開聯席會議，就中國旅行社香港分社歸屬問題交換意見。

表 3-1　1950—1952 年組織系統

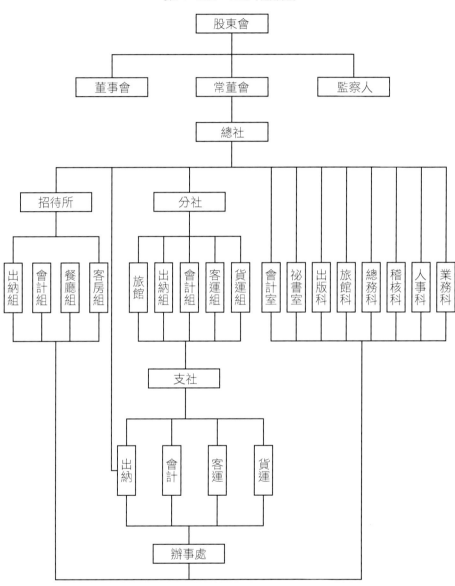

表 3-2　1950─1952 年人事系統

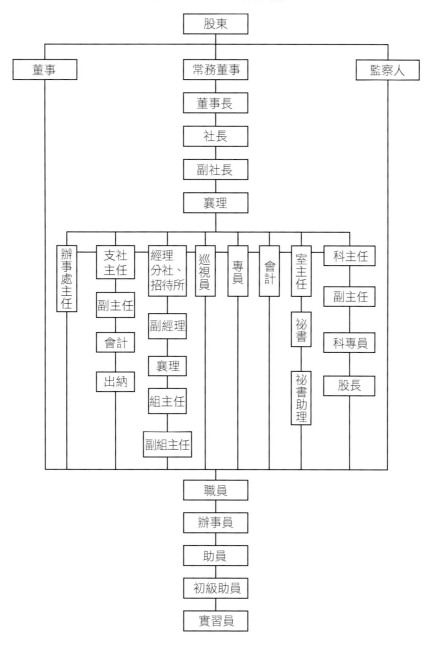

　　1954 年，中僑委委派蔡福就前往香港正式接收中國旅行社香港分社。蔡福就與方遠謀兩人一見如故。蔡福就先是詢問了一些有關旅行社的情況，繼而討論兩人的分工。他深知方遠謀熟悉業務懂經營，必須留用，擔心降職留用影響不好，於是決定方遠謀任經理，自己作為副經理輔助經營管理。方遠謀十分感謝國家對他的信任，表示要盡力辦好旅行社，為國家貢獻力量。

　　確定方遠謀留任後，蔡福就開始重組中國旅行社香港分社的工作，首先重新註冊成立「香港中國旅行社」，註銷「中國旅行社香港分社」並接替其業務。香港中國旅行社成為當時在港唯一一家中資旅行社。改組後的香港中國旅行社與中國銀行、華潤集團等成為當時香港重要的中資機構。

　　香港中國旅行社與新中國外交、僑務、公安、教育等機構密切合作，照料由香港進出的各國友好使節、外交人員，以及到北京參加各種會議或到新中國參觀旅遊的國際友人與團體。

歷史音頻：蔡福就的接收任務

1954 年，廖承志向蔡福就轉達了中僑委的指示，派蔡福就接收中國旅行社香港分社，團結海外華僑同胞、港澳台同胞等一切可以團結的力量，誠心誠意為他們服務。

（一）服務華僑業務

中國華僑從遠赴重洋討生活到烽煙歲月裏傾囊資助祖國抗戰，從衝破阻撓返回祖國效力新政權參加建設到改革開放後大量回流，香港中國旅行社成為協助中央助力華僑歸國的中堅力量。

在《共同綱領》和中華人民共和國第一部憲法中均規定「中華人民共和國和中央人民政府應盡力保護國外華僑的正當權益」。與此同時，大量海外華僑紛紛回到祖國，希望報效國家。隨着遠東地區形勢的緩和和新中國國際地位的提高，回大陸探親旅行的華僑和到中國旅行的外國友人明顯增多，許多人是取道香港轉入大陸的，香港中國旅行社接待業務量與日俱增，貨運業務也日益發展。為了做好接待華僑工作，香港中國旅行社特別成立了華僑部。1965 年 4 月 6 日，香港中國旅行社第一間分社──九龍分社開業，香港中國旅行社通過長期不懈的努力，為在港中資企業贏得了良好聲譽。

香港中國旅行社九龍分社

20 世紀 50 年代末、60 年代初，中國出現了中華人民共和國成立以來最嚴重的經濟困難，許多地區食物極為短缺，海外僑胞和港澳同胞希望通過香港郵寄糧食、油、糖等食品到家鄉接濟親友，但郵遞非常不方便。香港中國旅行社通過「香港付款，內地憑單提貨」的辦法，成批運送糧食、油、糖到廣東、福建僑眷比較集中的城市，僑眷得到了很大的幫助，這項服務獲得了香港同胞和海外僑胞的大力讚揚，香港中國旅行社為同胞精誠服務的聲譽節節上升。後因國家經濟的改善，華僑需求增加，「香港付款，內地憑單提貨」的業務增長較快，繼而成立香港中國旅行社貿易部。

（二）辦理回鄉介紹書業務

中華人民共和國成立後，香港同胞回內地必須先到深圳口岸，由邊防部隊負責寫回鄉介紹書，然後憑回鄉介紹書到當地派出所報戶口。由於深圳口岸離城區遠，且地方小，辦證人多，十分擁擠。香港同胞感到非常不方便，因而頗有意見。鑒於此，香港中國旅行社為繼續發揚「服務社會」的宗旨，向有關部門建議改善過關手續，獲得接納。1968 年，香港中國旅行社接受委託為香港同胞填寫委託書，香港同胞憑藉委託書到羅湖橋頭邊檢站領取回鄉介紹書，不僅方便了香港同胞，又減少了邊檢的壓力。

（三）「三趟快車」業務

1962 年，為確保港澳地區鮮活冷凍商品的供應，保障港澳市民日常生活需求，國家外貿部和鐵道部聯合開行了「三趟快

車」。統計數字顯示，20世紀80年代是「三趟快車」的最輝煌時期，當時通過「三趟快車」運往香港的鮮活冷凍商品，在港澳市場上佔據了舉足輕重的地位，其中活畜佔香港市場份額近90%，被譽為保證香港供應的生命線。

「三趟快車」時期香港中旅社承擔貨物抵港後的分流運輸任務

作為「三趟快車」運輸接卸工作的香港承運人和國內各發貨單位的貨運總代理——香港中國旅行社貨運有限公司，服從國家外貿部的統一部署，按國家外貿部的統一要求，幾十年如一日以「繁榮香港、服務社會」為宗旨，扎實做好「三趟快車」的接運交貨工作，為長期、均衡、穩定地向港澳市場提供充足的鮮活商品，滿足

620 多萬港澳同胞的生活需要，維護香港的繁榮穩定默默耕耘，為中國外貿出口創匯和表達祖國對港澳同胞的深切關懷做出積極貢獻。

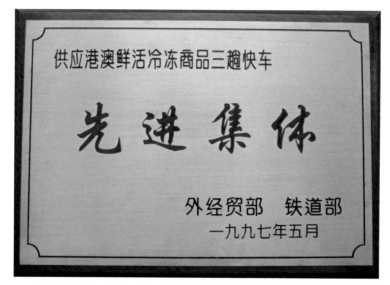

1997 年國家外經貿部、鐵道部在北京人民大會堂召開紀念「三趟快車」35 周年大會時向港中旅
旗下的中貨公司頒發的先進集體獎牌

（四）獨家代理廣州交易會

20 世紀 50 年代中期，中國的建設事業蓬勃興起。一些西方國家堅持敵視新中國，對新中國採取「封鎖、禁運」的政策。當時同新中國建立外交關係只有 20 多個國家，並且中國外貿的四分之一又是與蘇聯和東歐以及朝鮮、越南、蒙古

歷史故事：「三趟快車」的故事
　　香港中旅貨運有限公司作為「三趟快車」運輸接卸工作的香港承運人及內地各發貨單位的貨運總代理，幾十年如一日，最終圓滿完成這項光榮而重要的工作。

等社會主義國家進行的記賬式貿易，國家外匯十分匱乏。為發展同資本主義國家的出口貿易，尋找更多創匯的新途徑，鑒於廣東省具有臨近港澳並擁有與海外華僑聯繫密切的優勢，國家外貿部從 1954 年到 1956 年在廣州連續舉辦了三屆出口商品交流會。因香港中國旅行社是中國當時在香港唯一一家中資旅行社，距離廣州近，所以三屆交流會的旅行接待服務任務就落在了香港中國旅行社的身上。

1957 年春，在總結交流會經驗的基礎上，經國務院批准，廣州交易會正式應運而生。憑藉着以往優質的服務水平和身處香港的獨特優勢，香港中國旅行社順理成章地被委任為廣州交易會海外獨家旅遊代理旅行社。一直以來，香港中國旅行社始終為每一屆廣交會用心服務，始終與廣交會保持着密切合作、互利共贏的良好聯繫。

1967 年春季中國出口商品交易會

第二章│旅行社的新使命

中華人民共和國剛成立時,敵對勢力聯手,企圖在政治上、經濟上封殺新政權。華僑旅行服務社、中國國際旅行社、香港中國旅行社作為對外的「窗口」,一是可與廣大華僑聯繫,服務國家統戰工作,二是與未建立邦交的國家聯繫,促進中國與世界各國的友好往來,發揮「民間大使」的作用,三是服務國家外貿事業,藉此打破敵對勢力的封鎖。

一、服務國家統戰工作

華僑服務社開業不久,港廈客輪複航。每晚往返港廈間的華僑、僑眷多達數百人,均由華僑服務社負責接送。據統計,從 1949 年 11 月至 1950 年 2 月,三個多月共接待出國華僑、僑眷 1471 人;1950 年 1 月至 4 月,華僑服務社辦理驗關手續的就有 14 批 3154 人(包括來往港廈間的港胞)。

華僑服務社為僑胞服務的精神贏得了廣大華僑、僑眷的信賴。當時華僑服務社接到不少來信,反映私人旅行社盤剝僑胞旅費的情況。經調查發現,每名僑胞要多付旅費的 25%～30%。針對此種情況,華僑服務社配合有關部門制訂了統一的包運價格。

1956 年,由中國旅行社組織的黑龍江省政府交際處工作人員代表團來京活動,周恩來總理親自接見並與之合影。10 月 4 日,華僑服務社接待回國觀光華僑團,毛澤東、朱德、宋慶齡、周恩來、陳雲、彭真、何香凝等老一輩黨和國家領導人親自接見並與之合影。

　　20 世紀 70 年代中期，香港中國旅行社接待了前往中國採訪的美國著名記者斯諾，他到北京時受到毛澤東主席和周恩來總理接見。回程時，他在香港購買了一部新型的錄音機，委託香港中國旅行社轉送毛澤東主席以表謝意。1977 年年初，有着「中國居里夫人」之稱的美國著名物理學家吳健雄和夫婿袁家騮從美國到中國大陸觀光，途經香港時由香港中國旅行社接待。新加坡總理李光耀、印度尼西亞共產黨書記艾地、日本首相大平正芳第一次訪華，也是由香港中國旅行社接待。此外，香港中國旅行

1956 年周恩來接見黑龍江省政府交際處工作人員代表團

社還接待經港的美國第一任駐北京辦事處主任老布什（George Herbert Walker Bush，後任美國總統）、英國駐華大使館官員尤德（後任香港總督）、緬甸的昂山素季以及諾貝爾物理學獎獲得者楊振寧、科學家丁肇中等知名人士。香港中國旅行社也常擔負一些特殊旅客的接待工作。

二、服務國家外貿事業

1960 年 10 月 26 日，日本經濟界著名人士、自民黨國會議員高碕達之助訪問了中國並與周恩來總理進行了會談，高碕訪華的最重要成果是與廖承志簽訂了《關於發展中日兩國民間貿易的備忘錄》，真正體現了中國政府確立的民間先行、官方掛鈎的方針。此後，中日兩國間的貿易得到了長足的發展，政治關係也有所改善。1964 年 8 月 3 日，廖承志辦事處駐東京聯絡處成立。1965 年 1 月 28 日，高碕辦事處駐北京聯絡處成立。廖承志辦事處駐東京聯絡處首席代表孫平化以及工作人員途經香港時都是由香港中國旅行社接待。

1964 年，日中友好協會第十四次代表大會決定成立日中旅行社。不久，日本國際貿易促進協會會長宿穀榮一也組織了日中和平觀光公司。1964 年 10 月 14 日，國旅總社與日中旅行社、日中和平觀光公司簽訂協議書，建立了業務代理關係。

三、助力新中國外交事業發展

1971 年 3 月 28 日至 4 月 8 日，在日本名古屋舉行了第 31 屆世界乒乓球錦標賽，經毛澤東主席批准，中國乒乓球隊決

定參加本屆世錦賽。此次比賽為打破中美高層聯繫中出現的僵局提供了契機。不久，新華社香港分社通知香港中國旅行社，協助做好美國乒乓球隊訪華團經香港赴北京途中香港段工作，包括訂購香港至羅湖的火車票、托運行李、派導遊員帶領他們過海關。

香港中國旅行社接到任務後，非常重視。具體工作交國際客運部（外賓部前身）做，該部負責人黎汝湛事前召開了多次會議，並委派廖國宏主任與新華社香港分社的譚幹先生聯繫，美國駐港領事館也參與這項工作。4 月 10 日，美國乒乓球隊一行 20 多人準時抵達尖沙咀火車站。4 月 13 日香港英文《虎報》及多份報刊，大篇幅刊登香港中國旅行社外勤吳汝權帶領美國乒乓球隊訪華團在羅湖橋頭過關的照片和文章。過關後，香港中國旅行社把該團交給中國國際旅行社廣東分社接待。

1971 年美國乒乓球隊與中方人員的合照

　　周恩來總理關懷旅遊事業，百忙中他多次抽出時間接見中國國際旅行社接待的旅行團，親自向旅遊者宣傳中國，互通文化，使中國國際旅行社在當時配合國家開展外交活動方面發揮了作用。僅 1971 年 1 月至 8 月，中國國際旅行社接待的 82 批旅行團中，周恩來總理親自接見的就達 12 次。

1969 年周恩來總理接見國旅總社接待的日本訪華團

歷史故事：中國國際旅行社助力新中國外交事業發展事例

　　當時中國國際旅行社在配合新中國開展外交活動方面發揮了特殊作用，在中國國際旅行社總社《輝煌 50 年》中有相關記載，茲摘錄兩條。

第三章｜自力更生謀發展

一、華僑旅行社總社（中國旅行社總社）

　　1961年5月，國務院批准中僑委、中國人民銀行、外貿部、郵電部、鐵道部、交通部《關於組織聯運華僑和港澳同胞進口糧食、副食品以及其他物品的請示報告》，由華僑旅行服務社系統實施，以解決國內糧油緊缺給歸僑、僑眷和港澳同胞家屬帶來的困難。

20世紀60年代羅湖口岸

經中僑委、財政部批准，自 1965 年 1 月 1 日起，將廣東省的廣州、汕頭、深圳、拱北、湛江，福建省的福州、泉州、廈門、漳州 9 個華僑旅行服務社的人事、財務和業務統一交由華僑旅行服務社總社領導管理。

1974 年，根據中國外交需要，周恩來總理提議保留「中國華僑旅行社總社」名稱，同時加用「中國旅行社總社」（簡稱「中旅總社」），由郭沫若先生題寫社名，「中國旅行社」正式掛牌。兩社合署經營，承辦海外旅遊組團和散客探親旅遊接待。

外交部關於掛中國旅行社牌子的通知

1978 年，黨的十一屆三中全會確定「以經濟建設為中心」的全黨工作重點和改革開放的路線。為適應新形勢，中國旅行社總社於 1984 年變事業單位為企業，逐步實現了從計劃經濟體制下的接待服務型向以市場為導嚮的經營服務型的轉變，並通過實施「以旅遊業為主，多種經營並舉」的發展戰略，使業務得到急劇擴張。

1978 年 9 月，國務院僑辦、財政部決定自 1979 年 1 月 1 日起，將廣東省中國旅行社及汕頭、拱北、深圳中國旅行社，福建省中國旅行社及福州華僑大廈，廈門、漳州、泉州、晉江中國旅行社的財務劃歸中國旅行社總社管理，納入中央財政。12 月，國務院僑辦、商業部、外貿部、中國人民銀行批准中國旅行社總社開辦「在港售券、內地取貨」的華僑等四種進口商品免稅業務。

二、中國國際旅行社

（一）自費旅行業務的新發展

1958 年根據國務院積極擴大吸收自費旅行者的方針，國旅總社積極與蘇聯及

東歐社會主義國家旅行社發展業務，同時向國務院請示進一步開展組織中國公民出國旅行業務，以便能進一步擴大吸收蘇聯及其他社會主義國家的自費旅行者來華。

在國旅總社的努力下，1958 年根據多進少出的原則，國旅總社同德意志民主共和國、波蘭、羅馬尼亞、匈牙利等國的旅行社簽訂了相互交換自費旅行者的協議書，從而把自費旅行業務，由蘇聯、蒙古進一步拓展到東歐其他社會主義國家。

在發展同西方國家的業務關係上，也開始採取了比較靈活的態度，使西方國家自費旅行者來華不斷增加。1958 年西方國家及非社會主義國家來華自費旅行者，除原有的法國外，增加了德意志聯邦共和國、瑞典、英國、比利時、澳大利亞、意大利、加拿大以及印度等國家。為了積極擴大吸收外國自費旅行者，在 1958 年以後，中國國際旅行社在各有關部門的配合支持下，採取了一系列措施。

經過各方面的工作，1958 年國旅總社共接待了各類自費外賓 6649 人。其中社會主義國家自費旅客佔 82.9%，西方國家及其他非社會主義國家自費旅客佔 17.1%。

（二）翻譯導遊隊伍的建設

當時蘇聯等社會主義國家重視培訓外事接待隊伍，1957 年布拉格第一屆社會主義國家旅行社代表會議，要求各社會主義國家旅行社將服務質量提高到國際水平。1958 年，國旅總社代表在全國交際接待工作會議上做了《關於中國國際旅行社工作的報告》，提出加強外賓接待隊伍的建設和提高服務質量問題。國旅總社比較重視隊伍建設，連續召開五次全國翻譯導遊會議，對提高國旅翻譯導遊人員的政治、業務素質起到了良好的作用。

1959 年 1 月，國旅總社制定了《國旅翻譯導遊人員工作守則》《全陪注意事項》《邊境站與第一站的服務事項》等業務規章制度。在國旅總社召開的歷次全國翻譯導遊會議上，黨和國家領導人親自接見代表，表現出對翻譯導遊人員的關懷。

1973 年廖承志同志會見國旅總社接待的日本客人

（三）中蘇旅行往來的中斷及西方旅遊市場的拓展

1963 年以前，國旅總社接待的團體自費旅行者中，蘇聯及東歐社會主義國家一直佔絕大多數。1964 年，由於中蘇關係惡化，兩國的旅行往來完全中斷。同期，德意志民主共和國和波蘭、羅馬尼亞等東歐社會主義國家的來華人數也減少。

1964 年 6 月，國務院決定設立中國旅行遊覽事業管理局，作為國務院的直屬機構，地址設在北京西單大樓，與國旅總社合署辦公。在此期間，國旅總社與上百家外國旅行社建立了代理關係或業務關係，積極拓展西方及非社會主義國家旅遊市場，接待總人數顯著增加，遠遠超過社會主義國家自費旅行者的人數。

三、香港中國旅行社

（一）拓展貨運業務

1954 年中僑委接管香港中國旅行社時，財務虧損 4 萬餘元，從 1956 年開始扭虧為盈，以後連年盈利。早期的策略是「以貨養客」，以貨運的盈利支持客運，達到收支平衡。

1955 年，因貨運業務需要，香港中國旅行社接辦當時中國銀行經營的中央信托局倉庫，開始經營倉儲業務。1962 年 7 月 10 日，香港中旅協記貨倉有限公司成立，註冊資本 50 萬

香港中國旅行社從 1955 年開始經營倉儲業務

港元，原屬香港中國旅行社分管，香港中旅（集團）有限公司成立後（1985 年 10 月 29 日），持股 99%，香港中旅經濟開發有限公司持股 1%。

1964 年，增設了國際客運部、倉儲部和駁運部三個部門，把原來的客運股、貨運股和服務股也相應改為部，連同人事、總務和會計三股，合共是六部三股。同時，九龍分社的開業對方便鐵路線的客運接送服務和加強對駁運客運的內部管理方面起了很重要的作用。

歷史故事：物流貿易業務的發展

1979 年，國家正式吹響了改革開放的號角，黨和國家工作重點轉移到經濟建設上來。設備、原材料的大批量流動，為發展物流貿易提供了契機。

1964 年香港中國旅行社澳門分社

　　1964 年，香港中國旅行社澳門分社正式成立，對加強澳門旅客的往來服務，方便江門三埠一帶的旅客聯運，以及貨運業務工作發揮了重要作用。

（二）旅遊業務日漸發展

　　香港旅遊形勢直接影響香港旅遊業務的運作，香港中國旅行社客運部主要是做旅客聯運工作，如為華僑、華人、港澳同胞預訂去內地的車船票及酒店，還有不少在國外的海員回鄉探親，也是通過香港中國旅行社購買交通票，他們的工作都比較繁雜。香港中國旅行社受廣州鐵路局委託，代理港穗直通車售票業務，擔當重要角色。1979 年 8 月 1 日，為了業務發展需要，香港中國旅行社灣仔分

社開業；同年 12 月，香港中國旅行社
旺角分社開業。

（三）新大廈落成

1973 年 6 月，香港中國旅行社
新廈落成並遷址營業，位於皇后大道
中 77 號。1973 年 6 月 17 日，香港
中國旅行社新廈禮堂舉行酒會，招待
港澳各界人士。郭沫若先生題寫的「中
國旅行社」新招牌高高地懸掛在大廈
的外牆上，它在香港最繁華的中環市
區閃耀出奪目的光彩，格外引人注目。

1973 年 6 月中旅大廈在皇后大道中 77 號落成

（四）受托與港英當局交涉

1970 年至 1980 年，港英當局和中國政府通話，是通過香港中國旅行社來
傳達的。香港中國旅行社起着中間人、橋梁作用，如羅湖橋頭中英雙方海關開
閘、關閘時間，港穗直通車第一班車跟最後一班車開出時間，有關偷渡人員遣回
內地程序等，香港中國旅行社都是受內地有關政府部門委託，與港英當局交涉
談判，這也體現新中國政府對香港中國旅行社的信任和重視。除了經營賺取利潤
外，香港中國旅行社時常為中國政府做義務性服務，處處彰顯愛國主義精神。

歷史故事：招牌的「改朝換代」
　　郭老把一張宣紙折成五格，展平在案上審度之後，揮毫書就，
一氣呵成「中國旅行社」五個剛健有力的大字。

04

1979—1999年

歲月鎏金‧改革開放下逐光而行

　　改革開放的春風裏，旅遊業迎來蓬勃發展，在中旅、國旅、港中旅等傳統老牌旅遊企業的基礎上，中旅服、中免、華僑城、招商旅遊等新興旅遊企業應運而生、茁壯成長，逐步構建起集團化多產業鏈格局。

　　這一階段，旅遊業實現從外交、僑務事業到經濟建設的轉變。旅遊市場日新月異，國內遊逐漸興起，出入境旅遊蓬勃向新，免稅業務迅猛發展，第一家中外合營的假日酒店，首家大型旅遊企業集團，國內第一家通過ISO 9001認證的國際旅行社，首家中外合資國際貨運代理企業，唯一可以辦理港澳遊業務的旅行社，新中國第一間海外旅行分社……首創首成開闢改革之路，先行先試激發市場活力，民族旅遊品牌在改革中涅槃，在轉變中發展。

一、中國旅遊商貿服務總公司

1979 年 10 月 18 日，國務院批准成立中國旅遊服務公司，承擔全國旅遊行業物資、設備、商品、用品流通供應工作，全國各省會及重點旅遊城市成立地方旅遊服務公司，形成全國性商品流通供應系統，為旅遊行業機電設備、客運用車、酒店用品的保障供應發揮了重要作用。

1980 年，經向國家輕工部、紡織部、商業部和旅遊局申請，中國旅遊服務公司在武漢成功舉辦首屆「全國旅遊商品訂貨會」。「全國旅遊商品訂貨會」以

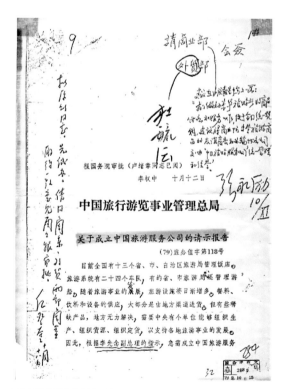

1979 年 10 月中國旅行遊覽事業管理總局報國務院《關於成立中國旅遊服務公司》的請示報告

「搭建信息橋梁，服務供需雙方」為目的。此後每年一屆，成為旅遊物資、設備、用品溝通供求、活躍流通的重要渠道。同年，經國務院批准，中國旅遊服務公司加入世界免稅組織，開創了中國免稅品業務。隨後，以中國旅遊服務公司為免稅商品供應商的免稅店在全國各地出入境口岸紛紛設立。

1984 年 12 月，免稅品業務迅猛發展。經國務院批准，中國旅遊服務公司將經營免稅品的免稅處升格為中國免稅品公司。同年，經外貿部批准，公司獲得旅遊設備進口權。

1985 年 2 月，中國旅遊服務公司自建辦公樓奠基開工，1986 年 12 月建成使用。

1993 年 3 月，國家旅遊局決定中國旅遊服務公司與其下屬的全資子公司中國免稅品公司分立。

1994 年 10 月，為適應市場經濟的發展要求，中國旅遊服務公司正式更名為中國旅遊商貿服務總公司（簡稱「中國旅貿」）。

1986 年中國旅遊服務公司辦公樓

1994 年中國旅遊服務公司慶祝成立十五周年暨更名招待會現場

　　1997 年 9 月，中國泛旅實業發展股份有限公司經國家體改委體改生〔1997〕77 號文批准，在對中國旅貿進行股份制改造的基礎上，以中國旅貿為主要發起人，並聯合下屬四家企業作為共同發起人，以募集方式發起設立

1997 年中國泛旅實業發展股份有限公司在上海證券交易所掛牌上市

A 股上市企業——中國泛旅實業發展股份有限公司，中國旅貿持有中國泛旅 53.95% 的股權。

中國泛旅實業發展股份有限公司上市後，結合戰略諮詢，中國旅貿逐步明確了當時業務的三類發展定位，即旅遊開發（主要為景區客運索道開發和溫泉度假項目建設）及汽車經銷為大力發展的核心業務；商貿經營和物業出租為維持發展業務；展覽、廣告、裝修、倉儲、市內免稅店等為調整優化業務。

在發展戰略指引下，20 世紀 90 年代中後期，黃山玉屏索道、湖南衡山索道、廬山秀峰索道及成都櫻花溫泉度假項目、長春淨月潭滑雪度假項目等陸續建成投運。

1998 年 12 月，中國旅貿與原主管部門國家旅遊局脫鈎，歸屬中央企業工委（現為國資委）直接領導和管理，成為國家旅遊局原所屬企業中三家劃歸中央直接管理的企業之一。

1999 年成都花水灣櫻花賓館

二、中國免稅品公司

1984 年 12 月 21 日，經國務院批准，中國免稅品公司正式成立，統一經營管理全國免稅業務。1987 年 11 月頒佈的《中國免稅品公司業務管理條例》首次提出加強國內免稅業的橫向聯合和垂直管理，形成國際免稅業界的新一股競爭力量，並設立駐滬辦事處，加強對上海地區免稅業務的協調力度。

1990 年 9 月 9 日，中國第一家市內免稅店——北京市內免稅店正式營業。同年，在上海設立首家免稅商品配送中心。

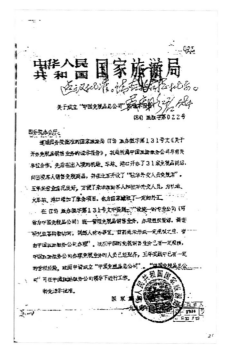

1984 年 12 月國務院關於成立中國免稅品公司的批文

1990 年 9 月北京市內免稅店開業儀式

1992 年 6 月，中國免稅品公司成為國家旅遊局直屬一級公司，以獨立法人進行工商登記註冊。7 月，國務院辦公廳下發《關於進一步加強免稅業務集中統一管理的覆函》（國辦函〔1992〕66 號），國務院正式明確免稅業務的經營管理體制。

1993 年，中國免稅品公司正式與中國旅遊服務公司分立，成為國家旅遊局直屬企業。同年，躋身世界免稅品運營商 50 強。

1994 年 5 月，召開首屆「94 中國免稅」展示會‧8 月，啟用第一套信息管理系統，通過現代化的管理手段提高企業的運營效率。這一年，免稅店數量達 89 家，實現銷售額超過 5000 萬美元，淨資產達 4000 萬元人民幣。

1995 年 5 月，中國免稅品公司第十二次業務工作會議、「'95 中國免稅研討暨展覽會」在京召開。98 家免稅店參加會議，同時來自英國、法國、日本、美國等國家和中國香港地區的著名廠商代表、知名專家和高級管理人員一同參會。同年，國產名優產品開始在 10 家免稅店試銷。

1995 年 5 月中國免稅品公司領導及供應商代表在免稅研討暨展覽會合影

1997 年 5 月，全國政協副主席吳學謙出席「'97 中國免稅展覽會」。同年 6 月，黑河免稅店開業。

1997 年 5 月全國政協副主席吳學謙出席「'97 中國免稅展覽會」

　　1999 年 1 月，根據中辦發《中央黨政機關非金融企業脫鈎的總體處理意見和具體實施方案》，中國免稅品公司與原主管部委國家旅遊局脫鈎，劃歸中央直接管理。7 月 26 日，時任國務院副總理錢其琛視察中免集團所屬的黑龍江東寧邊境免稅店。10 月，中國免稅品總公司更名為中國免稅品（集團）總公司。

1999 年組建中國免稅品（集團）總公司座談會

三、中國招商國際旅遊總公司

1986 年 12 月 18 日，國家旅遊局（86）旅企字第 057 號文批覆了交通部提交的關於招商局集團成立中國招商國際旅遊總公司的請示，同意在招商局集團領導下的中國招商國際旅遊總公司按第一類旅行社的業務經營範圍開展旅遊工作，其旅遊業務歸口接受國家旅遊局領導。

1987 年 1 月 3 日，國家工商總局為中國招商國際旅遊總公司核准頒發了第 01555 號營業執照。後來在中國招商國際旅遊總公司整體劃轉至香港中旅（集團）有限公司後，2006 年香港中旅（集團）有限公司把這個執照相繼更名為「中國港中旅集團公司」和「中國旅遊集團公司」，工商登記序列編號一直沿用至今。

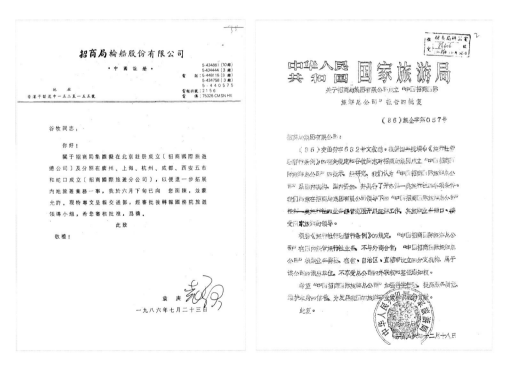

1986 年招商局集團呈報成立「中國招商國際旅遊總公司」的請示和國家旅遊局的批覆文件

1987 年中國招商國際旅遊總公司營業執照

中國招商國際旅遊總公司管理着 12 家國際旅行社、8 家星級酒店、3 家航空運輸代理公司、3 座寫字樓、1 個大客車車隊和 1 家太湖高速船公司，在業內享有良好的聲譽。中國招商國際旅遊總公司的旅行社排名曾達到全國第四名，擁有完善的國內旅遊網絡，具備國內遊、入境遊、出境遊、簽證認證代辦、機票船票代理、出國中介等全部經營資質，1997 年成為國內第一家通過 ISO 9001 認證的國際旅行社。

四、華僑城

1981 年，經廣東省政府批准，沙河分場改為沙河華僑企業公司，為處級單位。1982 年，時任中共中央政治局委員、全國人大常委會副委員長廖承志提出將深圳沙河華僑企業公司升為局級單位，直屬國務院僑辦領導，使其發揮聯繫海外華僑、華人「窗口」作用，成為吸收華僑投資、華僑人才和貫徹落實華僑政策的基地。

1985 年 4 月，全國華僑工作會議在東莞召開。會上正式通過開發區的方案，並為開發區定名為「華僑城」。1985 年 8 月 28 日，國務院僑辦和國務院

1985 年 11 月 11 日香港中旅集團深圳特區華僑城指揮部成立

1986 年香港中旅集團成立暨興建深圳特區華僑城招待酒會

特區辦聯合發文〔1985〕僑祕會字002號通知廣東省政府，國務院正式批准在深圳經濟特區西部的深圳灣畔劃出4.8平方千米建設深圳特區華僑城，由香港中旅集團負責開發經營。時任中共中央主席、中國共產黨中央委員會總書記胡耀邦親自題寫城名。

　　華僑城從創建開始，就得到黨中央、國務院親切關心和國務院僑辦、廣東省、深圳市領導的支持，並對它的建設和發展方向提出了不少建議。時任國務院僑辦主任廖暉提出香港中旅集團在建設開發華僑城上堅持「旅遊為主、規劃先行」的原則。十幾年來，香港中旅集團依靠自身力量，累計投資17.4億港元，奠定了華僑城開發建設的物質基礎。

　　華僑城旅遊景區面積120萬平方米，由「錦繡中華」「中國民俗文化村」「世界之窗」三大景點及周邊優美環境所組成，

1989年11月2日「錦繡中華」微縮景區開幕典禮

開創了中國人造旅遊景區之先河。

1989年9月21日，「錦繡中華」微縮景區試營業。1989年11月22日，「錦繡中華」微縮景區舉行了隆重的開業慶典，同時舉行中國深圳旅遊洽談會，由中旅總社、國旅總社、青旅總社（中國青年旅行社總社的簡稱）和香港中旅集團聯合舉辦。「錦繡中華」開放後，成為深圳的標誌物，極大地帶動和促進了深圳市的旅遊業及相關產業的發展。

「錦繡中華」微縮景區──布達拉宮

歷史故事：「錦繡中華」與「中國民俗文化村」的修建

「錦繡中華」和「中國民俗文化村」的籌建過程備受海內外各界關注。各界人士參觀遊覽後，從不同角度給予了很高的評價，留下許多感人肺腑之言。

　　1991 年 10 月 1 日，「中國民俗文化村」舉行了隆重的開幕儀式。1992 年 1 月 21 日，中國改革開放的總設計師鄧小平參觀了「錦繡中華」和「中國民俗文化村」。1 月 22 日，香港《大公報》第一版發表了《鄧小平昨遊民俗村》。3 月 26 日，《深圳特區報》刊登了長篇通訊《東方風來滿眼春——鄧小平同志在深圳紀實》。截至 1992 年年底，「錦繡中華」和「中國民俗文化村」兩大景區接待國內外遊客總數達 680 萬人，創利潤 1.6 億元，開創中國人造景點經營的最好業績。

1992 年 1 月 21 日鄧小平視察「錦繡中華」和「中國民俗文化村」

歷史音頻：鄧小平視察「錦繡中華」和「中國民俗文化村」

1992 年，鄧小平參觀「錦繡中華」和「中國民俗文化村」，抵達布達拉宮景點後表示：「中國其他地方我都去過了，就是沒有到過西藏。」於是，同家人在景點前合影。

　　1990 年 10 月，「世界之窗」項目獲深圳市批准，總體規劃設計工作正式展開。1994 年 6 月 18 日，「世界之窗」正式開業。6 月 20 日，時任中共中央總書記、國家主席江澤民在省市領導的陪同下來到世界廣場，稱讚景點錯落有致，綠化搞得很好，景區有文化內涵。

1994 年 6 月 20 日時任中共中央總書記、國家主席江澤民視察深圳「世界之窗」

1994 年 11 月 11 日時任中共中央政治局常委、書記處書記胡錦濤視察深圳「世界之窗」

歷史故事：「世界之窗」讓中國了解世界

　　「世界之窗」是華僑城第三座大型旅遊文化景區，向遊客展示了一幅宏大的歷史畫卷，是了解世界的窗口，對於增進世界各國人民之間相互了解發揮了積極作用。

「世界之窗」是一個以弘揚世界文化精華為主題的大型文化旅遊景區,世界廣場是它的精華所在,也最能夠顯示出「世界之窗」不同於其他同類主題公園的景點,其文化內涵之豐富、整體氣勢之宏大、設計建造之完美,堪稱經典。與「世界之窗」、世界廣場密不可分的,是每晚上演的大型晚會,這不僅是「世界之窗」精心打造的特色文化產品,也是當時深圳市文化產業發展的一個傑出代表。1998 年 7 月 18 日,大型音樂舞蹈史詩《創世紀》推出,以 300 萬觀眾,1300 多場演出,入選 2001 年中國企業新紀錄。

經過十多年的努力,華僑城建成以外向型工業、旅遊、商貿、房地產為主體,各項事業協調發展,設施完善、環境優美的現代化城區,成為海外華僑和華人投資、置業、旅遊的理想處所。三大景區的管理和服務被國內旅遊界稱為「一流水平」。1998 年年底,國家旅遊局組織的創建優秀旅遊城市驗收組對景區給予了高度評價。

深圳「世界之窗」俯瞰圖

第二章│集團化多產業鏈發展粗具雛形

一、中國中旅集團

（一）中國旅行社總社

1980 年，中國旅行社總社利用澳大利亞買方信貸和中國銀行、建設銀行貸款陸續在南京、無錫、鎮江、蘇州、桂林建造小型旅遊賓館並對外營業。

1982 年 5 月 1 日，中國旅行社總社接待華僑、港澳同胞、台灣同胞和外籍華人等知名人士。

1982 年 5 月 1 日，時任全國人大常委會葉劍英委員長、廖承志副委員長親切會見中國旅行社
接待的華僑、港澳同胞、台灣同胞和外籍華人知名人士

1981 年，外國投資管委會批准成立麗都飯店，由中國國際旅行社總社與香港益和有限公司合作共同建造、經營。1982 年 3 月，經國務院批准，麗都飯店改由國務院僑辦領導，並確定對外合作由中國旅行社總社出面。1983 年 7 月，麗都飯店董事長莊炎林與美國假日旅館亞太區高級副總裁兼行政董事聯合簽署了聘請「假日集團」經營管理麗都飯店的意向書。1984 年 1 月 11 日，正式簽署了聘請國際假日酒店有限公司經營管理「北京麗都飯店（第一期店名）」和「北

京麗都假日飯店（第二期店名）」的兩期管理協議書。由此成為假日酒店集團在中國管理的第一家假日酒店（1986年1月9日正式更名為「北京麗都假日飯店」）。1984年，中國旅行社總社與外商合作經營的北京麗都假日飯店一期工程竣工營業。同年，中國旅行社總社由「事業單位企業管理」過渡為企業。

1986 年 1 月 9 日北京麗都假日飯店被正式命名

　　1984年，國務院僑辦、國務院港澳辦、公安部批准中國旅行社總社獨家開辦歸僑、僑眷和港澳台眷屬赴港澳地區探親旅行團業務，繼代辦因私出國簽證之後，增辦因公出國人員的簽證業務。北京市旅遊局將北京華僑飯店交還中國旅行社總社。

1985 年中國旅行社總社開辦香港直達北京的旅遊包機，首航抵達北京

中國旅行社總社成立「中旅旅遊汽車公司」和「中國華僑旅遊僑匯服務總公司」，在各省設立分公司，並在一些口岸城市和旅遊熱點城市開設了免稅商場，除經營「在外售券，境內提貨」業務外，還組織供應各類旅遊商品、僑匯物資，辦理免稅商品業務，提供商品維修等。

1984 年，中國旅行社總社實行多種經營，大力抓「軟件」建設的方針，擁有旅行社 300 多家，「覆蓋僑鄉，遍及內地，延伸海外」，旅遊飯店 170 座，旅遊僑匯公司、免稅商場、提貨點 64 處，旅遊汽車服務公司、車隊 30 多個，大小旅遊車 2400 輛，從業人員 3.3 萬多人，在全國形成網絡化、多元化、多功能的旅遊企業群體，成為新中國旅遊事業的骨幹。

南海中旅西樵山大酒店

1985 年 1 月 21—26 日，在北京召開的全國中旅社經理會議確定了「以旅遊業為主，多種經營並舉」的發展思路，中僑總公司開始經營免稅商品業務。

1985 年，中國國際友好聯絡會名譽會長王震在人民大會堂宴請中國旅行社總社組織接待的美國夏威夷水仙花皇后旅行團。美國夏威夷中華總商會自第 32 屆以來，每年選出具有中國血統、才貌兼備的水仙花皇后及四位水仙花公主，組成水仙花皇后旅行團，作為友誼使者到中國旅遊觀光，尋根訪祖。通過每年舉辦一次的水仙花節活動，越來越多的美國人加深對中國文化的了解。

中旅接待的 1999 年第 50 屆美國夏威夷水仙花皇后旅行團

　　1986 年，外交部將全國申辦領事認證工作移交中國旅行社總社辦理。

　　1987 年，鄧小平在北京人民大會堂會見由中國旅行社總社接待的美籍華人、諾貝爾獎獲得者李遠哲和李政道。

1987 年鄧小平同志在北京人民大會堂會見由中旅總社接待的美籍華人、諾貝爾獎獲得者
李遠哲（左）和李政道（右）

1988 年 12 月 26 日，中國旅行社總社隆重歡迎中旅系統當年接待的第 100 萬個旅遊者，並向其頒獎。1988 年，全系統共接待外國遊客、華僑、港澳台同胞 100 多萬人，幾乎等於 1956 年至 1965 年十年的接待量總和。

（二）中國中旅（集團）公司

1990 年 7 月，中國中旅（集團）公司成立。這是我國最早成立的首家大型旅遊企業集團。中國中旅（集團）公司由其所屬全資子公司、控股和參股企業，包括香港、澳門中旅在內的全國主要地方中國旅行社和暨南大學中旅學院等 100 多家成員

中國中旅（集團）公司成立新聞發佈會現場

單位組成。中國中旅（集團）公司的成立，是中旅企業整合資源、實現集團化規模化發展的重要標誌，中國中旅整體實力和綜合競爭優勢進一步增強。

1990 年 7 月 26—28 日，中國中旅（集團）公司首屆一次理事會議在北京麗都飯店召開，會議宣佈了中國中旅（集團）公司成立。

1991 年，中國旅行社總社首家開辦中國公民赴新加坡、馬來西亞、泰國三國旅遊業務，並成立國內旅遊部。

公司領導名錄：
中國旅行社總社歷任
領導班子組成情況

時任領導訪談：
中國旅行社時任領導訪談

　　同年，成立中旅飯店管理公司，它是國家旅遊大型骨幹企業中國中旅集團直屬的飯店專業管理公司，也是國家旅遊局批准的全國首批 16 家飯店管理公司。主要業務為飯店和房地產物業管理及諮詢、飯店管理崗位及技能培訓、飯店裝飾工程、飯店設備用品供應及飯店預訂等。

　　1993 年 11 月，成立中國中旅集團飯店理事會（簡稱中旅飯店理事會），隸屬於中國中旅（集團）公司理事會的行業協會分會組織，是飯店法人聯合體。中旅飯店理事會通過開展飯店專業研討、飯店人才及業務交流、境內外飯店管理專業培訓、「中旅杯」優質服務競賽和統一對外宣傳等各種形式，將廣大中旅飯店緊密地聯合在一起，為增強中旅飯店的市場競爭能力、擴大市場佔有率，提高經濟效益做出貢獻。

中國中旅集團開展的優質服務競賽活動每年評選出一批先進單位和個人

北京希爾頓酒店

1993 年 9 月 23 日，中國中旅（集團）公司參股的北京第一家五星級希爾頓酒店營業。

1994 年 4 月 21 日，國務院僑辦批准《中國中旅集團章程》《中國中旅（集團）公司章程》《中國中旅（集團）公司改革方案》5 月 17 日，中國中旅（集團）公司與中國旅行社總社分署辦公，結束了幾年來兩塊牌子、一套人馬的體制。5

月 21 日，國家工商行政管理局核准以中國中旅（集團）公司為核心企業的中國中旅集團。8 月 8 日，中國中旅集團二屆一次理事會議在北京召開，時任國務院僑辦主任廖暉到會並講話。

1994 年 9 月 13 日，國家國有資產管理局頒發《關於中國旅行社總社等企業國有資產產權變更問題的複函》，將中旅總社及其所屬中國華僑旅遊僑匯服務總公司等十個企業的國有資產產權變更由中國中旅（集團）公司持有，原由中旅總社持有的北京麗都飯店等十個企業的股權移交中國中旅（集團）公司，確立了集團公司同所屬企業的母子公司體制。

「CTS 中旅」商標

1994 年 10 月 28 日，國家工商總局商標局核准「CTS 中旅」註冊。本着有利於保護和規範中旅商標及名稱的使用、有利於中旅網絡鞏固和發展的原則，中國中旅集團理事會辦公室代表集團就規範中旅名稱及商標使用，陸續與全國中旅系統 232 家使用「CTS 中旅」名稱的企業簽訂商標使用許可合同和協議書。

1994 年 12 月 8 日，中旅標誌性建築——中旅大廈在北京落成。中國中旅集團舉行隆重的落成典禮及中國旅行社總社成立 45 周年慶祝大會。黨和國家領導人江澤民為中旅題詞「發展旅遊事業、促進經濟繁榮」；時任國務院總理李鵬題詞「發展旅遊事業，促進中外交流」；時任國務院副總理錢其琛題詞「提高經營水平，開拓旅遊市場」；時任國家旅遊局局長劉毅題詞「勁旅」。

1994 年北京中旅大廈

領導題詞：
慶祝中國旅行社成立四十周年題詞

領導題詞：
慶祝中國旅行社成立四十五周年題詞

　　1994 年 12 月 6—7 日，中國中旅集團二屆一次常務理事會議在北京召開，會議研究通過《中國中旅集團三年（1995—1997）發展規劃綱要》。

　　1995 年 4 月 27—28 日，中國中旅集團二屆二次常務理事會議在廣東肇慶召開，會議研究通過《關於中旅旅遊業三年發展規劃實施方案》。6 月 15 日，中國中旅集團實業發展有限責任公司成立。9 月 16 日，中國中旅（集團）公司參股的黃山國際大酒店試營業。

黃山國際大酒店

　　1996 年 3 月 1—2 日，國務院僑辦在深圳華僑城召開「國務院僑辦直屬企業工作會議」，時任國務院僑辦主任廖暉到會並講話，客觀分析了僑辦所屬企業的現狀，並針對九個方面的問題提出了今後的發展目標、指導思想和應當把握的幾個關係。

　　1996 年 3 月 3 日，由中國中旅集團、香港中旅（集團）有限公司、華僑城以及廣東和福建中旅投資，與暨南大學聯合創辦的全日制高等旅遊專業學院、中旅人才培訓基地——暨南大學中旅學院舉行開學典禮。時任國務院副總理錢其琛為學院題寫院名，國務院僑辦主任廖暉、深圳市委書記厲有為等領導及海內外嘉賓出席開學典禮。

　　1996 年 7 月 10 日，中旅國際貨運代理公司同歐洲國際貨運公司香港有限公司在京成立「中旅—塞瑪歐運國際貨運有限公司」。

暨南大學中旅學院校園全貌

　　1997年4月18日，中國中旅（集團）公司參股的敦煌國際大酒店試營業。5月14日，中國中旅（集團）公司控股的大連中旅建興大酒店試營業。7月10日，中國中旅（集團）公司參股的中旅集團電子科技發展有限責任公司成立。11月2日，中國中旅（集團）公司控股的無錫中旅大酒店開業。12月16日，南京希爾頓國際大酒店試營業。

　　1998年12月底，中國中旅集團同全國226家中國旅行社簽訂了使用中旅名稱和商標的合同、協議。同年底，中國中旅集團按照中央部署與國務院僑務辦公室脫鈎，納入中央直接管理的大型旅遊企業。

歷史故事：暨南大學中旅學院

　　1993年2月12日，經國家教委批准，正式成立暨南大學中旅學院，這是國內第一所由旅遊企業與教育單位聯合主辦的全日制高等旅遊管理學院。

中國中旅（集團）公司、香港中旅集團、江蘇中旅社
共同投資建造的南京希爾頓國際大酒店

　　1999 年 1 月 2 日，中共中央辦公廳、國務院辦公廳頒布《中央黨政機關
非金融類企業脫鈎的總體處理意見和具體實施方案》，將中國中旅集團列為首批
90 家交由中央管理的企業。1 月 27—28 日，中旅飯店理事會在昆明召開會議，
批准 27 個飯店使用「CTS HOTEL」標誌，使中旅飯店的聯合發展進入實質運作
階段。11 月 19 日，中旅總社成立 50 周年慶典日，中國中旅集團在北京中旅大
廈舉辦了慶祝招待會。

　　1999 年，中國中旅集團為喜迎新中國成立五十周年和澳門回歸推出系列活
動。其中，中旅總社組織千名華僑華人代表國慶訪華團、「中旅杯」北京—澳門自
行車拉力賽、千家萬戶逛京城、中旅絲路專列、中國公民赴澳大利亞首航式等大
型旅遊活動，收到較好的社會反饋。

1999 年 8 月中旅總社中國公民赴澳大利亞旅遊首發團

二、中國國際旅行社集團

（一）中國國際旅行社總社

1979 年 4 月 21 日，時任中國國際旅行社總社代表、中國旅行遊覽事業管理總局副局長莊炎林和美籍建築師陳宣遠在北京簽訂關於合作建造飯店的協議。

1980 年 2 月 28 日，外交部、中國旅行遊覽事業管理總局、國務院港澳辦公室印發《關於設立中國國際旅行社總社駐外機構的通知》，決定首先在美國紐約、法國巴黎、日本東京分別設立駐地代表處，並在中國香港設立中國國際旅行社香港分社。

1980 年 4 月 15 日，國務院批准中國國際旅行社總社在中國香港設立香港中國國際旅遊有限公司。該公司為國旅總社在香港的總代理，受港澳工作委員會和中國旅行遊覽事業管理總局、國旅總社的三重領導，主要任務是辦理國旅總社委託的旅遊業務及中國旅行遊覽事業管理總局和國務院港澳辦公室交付的工作。

1980 年國旅德國遊客團參觀魯迅博物館

　　1981 年 6 月 8 日，國務院批覆中國旅行遊覽事業管理總局，同意由國旅總社向美國、英國、法國派駐旅遊代表，開展對國際旅遊市場的調查研究，密切同主要國家旅行社的聯繫，加強對外宣傳，擴大國際競爭力。

　　1981 年 11 月 24 日，中國旅行遊覽事業管理總局發佈《關於統一旅遊對外聯絡工作的規定》。《規定》指出：經國務院批准，從 1982 年 1 月 1 日起，旅遊對外聯絡工作由中國國際旅行社總社和中國旅行社總社統一進行，非旅遊部門不得經營對外旅遊業務。各地應根據上述決定整頓旅遊市場。

　　1982 年 7 月，國旅總社與國家旅遊局開始按「政企分開」的原則，分署辦公。

　　1983 年 2 月 28 日，首屆中國國際旅遊會議在北京開幕，這是中國旅遊界與世界旅遊界首次在中國握手。來自世界 47 個國家和地區的政府旅遊部（局）長、高級官員、國際旅遊界的知名人士和中外旅遊業專家等 1200 多人參加了會議。時任國務院副總理萬里、全國人大常委會副委員長廖承志、國務委員谷牧出席了

開幕式。谷牧代表中國政府在開幕式上致賀詞。聯合國世界旅遊組織（UNWTO）祕書長羅伯特・洛納蒂代表聯合國世界旅遊組織（UNWT0）向時任國家旅遊局局長韓克華、中國國際旅行社總社總經理張聯華、中國旅行社總社社長莊炎林、中國青年旅行社負責人胡煥章和中國民用航空局局長沈圖授獎。

1984年，國家旅遊局批准國旅總社為企業單位。從此，國旅總社從原來的外事接待單位轉為獨立經營、自負盈虧的旅遊企業。國旅總社實行企業化以後，北京、上海、西安、桂林、廣州、深圳和珠海等十多個分、支社陸續改為企業

1970—1991年國旅辦公大樓

單位，截至1989年年底，國旅系統基本上實現了企業化。

1985年9月，中旅總社、國旅總社、青旅總社聯合成立中國旅遊包機公司。時任國家旅遊局局長韓克華任該公司領導小組組長，王爾康任總經理，高音任副總經理。

公司領導名錄：
中國國際旅行社總社時任領導班子組成情況

時任領導訪談：
中國國際旅行社總社時任領導訪談

1988 年 11 月 18 日，國家旅遊局、外交部聯合印發《關於國外旅行團組簽證通知問題的規定》。《規定》指出：簽證通知權收歸國家旅遊局；批准中旅總社、國旅總社、青旅總社可代理國家旅遊局通知簽證單位；授權各省、自治區、直轄市旅遊局分別負責對本地一類旅行社所組織的國外旅行團（組）核發簽證通知。

（二）中國國際旅行社集團

1989 年 3 月 8 日，國家旅遊局批准成立中國國際旅行社集團。1992 年，國家經貿委批覆同意成立中國國旅集團，國旅總社為集團核心企業。該集團是隸屬於國家旅遊局，實行自主經營、獨立核算、自負盈虧，具有法人資格的經濟實體。

1992 年 1 月 21 日，時任國務院副總理吳學謙主持召開國家旅遊事業委員會第十一次會議。會議聽取了時任國家旅遊局局長劉毅關於旅遊工作情況的匯報，着重討論了試辦國家旅遊度假區和組建中國旅遊包機公司等問題。同意由國旅總社和中國國際航空公司聯合組建自負盈虧的經濟實體——中國旅遊包機公司。

1993 年 4 月 16 日，美國運通公司指定國旅總社為其在中國的旅遊服務代理，雙方簽署了合作協作書。7 月 8 日，國務院批准國旅總社在南非設立中國國際旅行社總社駐約翰內斯堡辦事處。

1994 年 1 月 8 日，國旅總社獲准加入太平洋亞洲旅行協會中國分會（PATA），美大部姚越燦部長當選為分會執行委員會成員和 PATA 中國分會司庫。

1996 年 3 月 9 日，國家旅遊局、國家經濟貿易委員會批覆國旅總社上報的《中國國際旅行社總社現代企業制度試點實施方案》的報告，同意國旅總社根據《公司法》改制為國有獨資公司。改制後企業更名為「中國國際旅行社總社（集團）有限責任公司」。

1997 年，中國國際旅行社集團參與投資全國首家專門服務旅遊業的網絡公

司——華夏旅遊網絡有限公司，同時與聯想集團 FM365 網站建立了戰略合作夥伴關係。

1998 年 11 月中國國際旅行社集團與國家旅遊局脫鈎，歸屬中央大型企業工委管理。中國國際旅行社集團不斷加大體制改革力度，進行資產重組。以總社為主發起人，聯合旅遊行業優質企業組建了跨地區、跨行業的旅遊股份制企業——國旅聯合股份有限公司，並成功上市。

三、香港中旅集團

（一）香港中國旅行社

1979 年 4 月，香港中國旅行社取得港穗直通車票總代理權、承辦回鄉證特許權、香港火車空卡裝貨回運特許權等經營專利權。

1979 年港穗直通車進站

　　1980 年，為提高辦理回鄉證效率，滿足港澳同胞需求，香港中國旅行社引入計算機技術，成立計算機部。後來因業務發展需要，單獨成立香港中旅計算機服務有限公司。

　　同年，經國家經委、進出口管理委員會批准凡自香港進口的物資，均須香港中國旅行社同意承運後方可裝運。（經交〔1980〕126 號）香港中國旅行社開始承辦利用在港火車空卡裝運貨物返回內地的業務。

中旅貨運車隊

　　早在 1955 年，因貨運業務需要，香港中國旅行社開始經營倉儲業務。隨着中國改革開放，進出口運輸業務大幅增長。1981 年 1 月，中旅社第一貨倉建成，1984 年 3 月、1986 年 7 月，第二、第三貨倉相繼落成。這三間倉庫按當時業務需求設計，倉位總儲存容量為 58000 立方米，在香港當時位列第三。1984 年 12 月，華貿國際貨運有限公司於上海成立，成為首家中外合資國際貨運代理企業。1985 年，協記貨倉更名為「中旅協記貨倉」。

中旅協記貨倉全貌

　　1983年，香港中國旅行社在貿易部的基礎上單獨註冊成立香港中旅貿易公司。主要經營進出口貿易、投資、代辦、信託以及與旅遊業有關的貿易經濟業務，首創「香港買單，內地提貨」業務，並在國內設提貨點20多處。

《人民日報》關於港中旅貿易有限公司增設
提貨點「香港買單 內地提貨」報道

海關總署和國家稅務局聯合下發《關於香港中旅貿易
公司經營捐贈機電產品「在外售券、境內取貨」業務
的通知》

從 1979 年 8 月至 1985 年 8 月期間，香港中國旅行社從原來在港只有 1 間九龍分社的基礎上積極擴展業務網點，先後新成立了灣仔分社、旺角分社、紅磡分社、觀塘分社、荃灣分社、元朗分社、北角分社等 7 間分社；1982 年 4 月 8 日，香港中國旅行社的第一間海外分社——泰國中國旅行社成立開業，之後又成立了美國舊金山中旅社、菲律賓中旅社等 3 間分社。

從 1984 年起，香港中國旅行社圍繞「成立集團」這一目標，積極做好各項籌備工作，進行框架設計、業務組合，對各項業務發展提出了新的思路。9月香港中國旅行社向國務院僑辦報告，力陳購建新大廈的必要性和迫切性，最終獲得上級批准。

1984 年 10 月，香港中國旅行社收購灣仔華國酒店。1985 年 5 月 1 日正式開業，成為其下屬第一家酒店。接着又購入星港酒店（原名星加坡酒店）。1985 年 4 月，註冊成立香港中旅酒店管理有限公司，負責投資酒店資產管理。之後隨着業務的擴大，成立了中旅引進諮詢公司、中旅經濟開發公司、中

泰國中國旅行社

1985 年星港酒店（現香港灣仔睿景酒店）

旅汽車服務公司、中旅裝修公司、中旅置業公司、中旅貨運公司、中旅航空服務公司等 9 家公司。

（二）香港中旅集團

1985 年 10 月 29 日，香港中旅（集團）有限公司在香港註冊成立（簡稱「港中旅」）。集團成立後，堅持「立足香港，依托內地，面向海外」的經營方針，標誌着香港中旅集團開始由經營比較單一的旅遊、貨運、貿易業務，初步向多元化、國際化、現代化大型企業方向發展。同年 11 月，集團成立董事會。中央組織部任命廣東省省長梁靈光出任香港中旅集團董事長，充分體現了中央對香港中旅集團的重視。

1987 年 5 月 5 日，香港中旅集團大廈落成，位於香港幹諾道中 78-83 號，面向維多利亞灣。5 月 15 日，舉行了大廈落成開幕酒會，各界嘉賓一千多人蒞臨酒會，報界譽為

1987 年 5 月 5 日香港中旅集團大廈落成

領導題詞：
慶祝香港中國旅行社成立六十周年題詞

歷史音頻：香港中國旅行社成立六十周年慶祝酒會
香港中國旅行社成立六十周年，集團舉辦慶祝酒會。

「香港中旅集團發展的一個里程碑」。香港中旅集團大廈成為集團機構的形象，「旅」字五角紅星和「CTS」為香港中旅集團在海內外樹立了良好商譽。

香港中旅集團成立後，經過對《集團未來三年（1988—1990）業務戰略發展綱要》和《集團1991—1995年業務戰略發展綱要》目標的實施努力，各項業務取得較大發展，經濟實力進一步提升。1992年，成立香港中旅國際投資有限公司。截至1992年上半年，集團屬下擁有21家子公司，在海外12個國家設立14個分支機構，內地6個辦事處，固定資產超過60億港元。1995年，香港中旅集團業務範圍涉及旅遊、酒店、航空、船務、汽車服務、貿易、運輸、工業、科技、基礎設施、地產建築和金融保險等，投資的地區遍及港、澳、內地和海外，初步形成與傳統業務互相促進的局面。

1．大力拓展旅遊及相關業務

旅遊業務是香港中旅集團的傳統業務。這一時期，香港中旅集團旅遊主業成倍增長，服務網絡基本形成，經營規模和經營範圍迅速擴大。集團屬下的香港中國旅行社是當時在內地之外設立的最大的旅遊企業。它是國際航空運輸協會（IATA）在香港的首家代理，是東方航空協會（OAA）、香港中國航空公司（CNAC）的代理；先後加入香港旅遊協會（HKTA）、香港旅行社協會（HATA）、國際華商觀光協會（ICTA）、美國旅行社協會（ASTA）、香港旅遊業議會（TIC）等組織，並牽頭成立香港中國旅遊協會（HACTO）。

（1）開辦港澳台居民及華僑華人、外國人赴內地旅遊業務。集團成立之初，香港中國旅行社下設五個業務部門：華僑外籍華

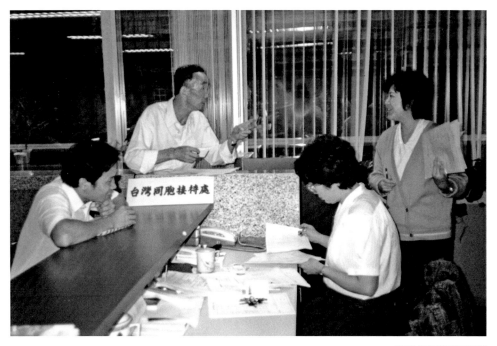

1987 年台灣同胞業務部

人業務部、港澳同胞業務部、外國人業務部、旅客接待部、航空業務部。隨着業務迅速發展，接着又成立了台灣同胞業務部、中國旅行團業務部、國際旅遊業務部、訂房業務部等。在長期業務發展過程中，這些部門和分社處在業務工作的第一線，直接為他們提供各項服務。

（2）開辦內地公民香港遊及港澳居民、內地公民國際旅遊業務。1983 年，香港中旅集團開啟國內公民來香港旅遊業務的籌備工作，並向新華社香港分社及國務院僑辦申請辦理內地公民「香港遊」業務，讓廣東及內地居民赴港與親友會

歷史故事：辦理港澳台居民、華僑華人以及外國人赴內地旅遊業務
　　在長期業務發展過程中，一批又一批的中旅人在業務工作的第一線，為港澳台居民、華僑華人以及外國人赴內地旅遊業務提供各項服務。

面團聚。1984 年 7 月，經國務院僑辦、港澳辦及公安部審核批准，中國中旅系統正式經辦全國（除西藏外）各地居民赴香港及澳門旅行團業務。香港人民入境事務處指定香港中國旅行社為「香港遊」接待社，是當時在香港唯一一家可辦理內地（除西藏外）各省市居民赴港澳遊旅行團業務的旅行社。

1984 年 7 月 21 日，首個內地遊客團是從上海抵港，行程 8 天，人數為 36 人，其中最年長的一位已逾八十歲。從 1984 年 7 月至 1997 年年底（自由行政策開放前），是港澳遊業務的黃金期。當年內地遊開放之初，台灣老兵在紅磡火車站迎接多年未見的老母親時跪地抱頭痛哭；來自山東的家屬通過內地遊在香港與台胞見面，告知台胞在內地的母親去世消息，港澳遊公司協助台胞在香港為其母親辦理生忌酒會，感動了在場的每一個人。這些事通過媒體的廣泛報道，不但在香港，甚至在整個東南亞都引起了轟動，當時中央電視台也有轉播。

香港居民對外遊及中國公民國外遊兩項業務迅速發展，1992 年全年接待 18000 人次。1993 年，為擴大港澳遊業務規模，成立香港中旅港澳遊管理有限公司。該公司有 2 家接待酒店（星港酒店和京港酒店）和 20 多輛旅遊巴士。港澳遊是特許經營項目，港澳遊公司嚴格遵守各項政策規定，保證了港澳遊業務的安全有序運作。

（3）辦理《港澳同胞回鄉證》。1979 年 7 月，內地公安部門委託香港、澳門中國旅行社辦理港澳居民申領《港澳同胞回鄉證》業務，由廣東省公安廳簽發。1979 年 7 月 25 日開始簽發《回鄉證》，原「回鄉介紹書」同年 11 月停止簽發和使用。初期的《港澳同胞回鄉證》（封面是綠色）有效期為 3 年。1981 年 12 月 1 日起，香港中旅社承擔新版《回鄉證》製作任務，廣東省公安廳深圳簽證處負責審核簽發，新證（封面是棕色）的有效期為 10 年。

1999 年 1 月 1 日起，香港中國旅行社受理申請《港澳居民來往內地通行

《港澳同胞回鄉證》舊版（左）與新版（右）對比圖

證》（簡稱《通行證》），同時停止受理申請《港澳同胞回鄉證》。1 月 15 日《通行證》正式發證及啟用。香港同胞對《通行證》表示歡迎，各大報紙都以顯著的版面及大標題報道了這件事。

（4）辦理《台灣同胞來往大陸通行證》。1987 年 11 月以前，台灣同胞到大陸只能通過祕密渠道進入。根據有關上級的指示，香港中國旅行社成立台胞組，為赴大陸的台胞提供接送、交通、住宿等服務。

1987 年 10 月 19 日，香港中國旅行社成立台灣同胞業務部。為了讓台胞來有賓至如歸的感覺，台胞部選調的員工幾乎全是會講閩南話的福建人。從 1987 年 11 月 3 日起，香港中國旅行社受公安部委託，開始簽發《台灣同胞旅行證明》。截至 12 月 31 日，共發證 9874 份，最多一天發了近 400 份。台灣

歷史故事：辦理《台灣同胞來往大陸通行證》業務
　　從 1987 年 11 月 3 日起，香港中國旅行社受公安部委託，開始簽發《台灣同胞旅行證明》，截至當年 12 月 31 日，共發證 9874 份，最多一天發了近 400 份。

《新新聞》周刊發表記者訪問香港中旅社負責人的長篇專訪《到香港別忘了找他們》；台灣電視台播放了中旅社記者招待會及接待台胞的動人場面。許多台灣老兵在香港中國旅行社的協助下得以回內地探親，感動得痛哭起來，並説道：「進了中旅社就回到家了。」

1988 年，台胞部在灣仔、旺角、油麻地 3 個分社增設辦證點。自 1987 年 11 月至 1992 年 5 月 31 日，辦理《台灣同胞旅行證明》2458751 份，佔港澳台發證量 70.7%。

1988 年 11 月，台灣當局開放部分大陸居民赴台探親、探病、奔喪，兩岸人員開始了雙向交流。11 月 23 日下午，新華社香港分社同港英當局就大陸居民經港赴台探病、奔喪簽證達成協議。當晚，香港中國旅行社旋即召開會議，決定成立內地公民赴台業務組，並於 11 月 24 日開始運作。

1992 年 1 月 7 日，《中國公民往來台灣地區管理辦法》公佈。接着，香港中國旅行社接到國務院台辦、公安部出入境管理局發放《台灣同胞旅行證明》的通知後，就將此項任務列入 1992 年主要工作之一，國務院台辦、公安部等領導來港檢查工作時，肯定了香港中國旅行社的成績。7 月，澳門中旅社開始辦理《台胞證》業務。8 月，位於香港的外交部簽證處開始辦理《台胞證》業務。

1998 年 5 月 1 日，台胞證業務和回鄉證業務合併，成立證件業務部。1998 年 9 月 15 日，證件部香港新機場辦事處試營業。這是證件部首次在機場禁區設立《台胞證》簽注辦事處，也是香港中國旅行社第 5 個《台胞證》業務門市。

台灣居民來往大陸通行證

2．拓展酒店業務

1988年年初，香港中旅集團以4.7億港元購入京華國際酒店，是集團的第三家酒店，屬於集團重點投資項目之一，也是集團發展國際性酒店網的重要組成部分，標誌着集團成為香港酒店業的一員。

1990年5月，集團決定興建澳門京澳酒店。京澳酒店樓高26層，是當時澳門最高的酒店。1999年12月18—22日，京澳酒店接受了在澳門回歸期間接待中國中央代表團和中央觀禮團的重大任務。全體員工發揚團隊精神，圓滿完成任務，受到新華社澳門分社的表揚。

3．全方位發展客運服務

（1）跨境直通巴士服務。隨着旅遊業務的快速發展，對客運服務工作的要求也越來越多。1985年7月26日，香港中國旅行社擴充其屬下的車隊規模，成立香港中旅汽車服務有限公司（簡稱「中汽公司」）。1994年，廣深高速公路開通後，中汽公司開通「香港—廣州」線直通巴士。1998年，香港國際機場剛建成，中汽公司就成為香港首家獲准進駐機場的公司，9月

澳門京澳酒店

成為全行業中第一家開拓「香港機場—廣州」線路的公司，11月又成為全行業第一家開通深圳至珠海的中旅快線的公司。

（2）船務客運服務。1993年9月26日，香港中旅集團、香港僑福建設企業合作成立信德中旅船務投資有限公司（雙方各佔一半股份），主要經營香港至深圳黃田機場福永碼頭及港澳、港穗和港內輪水上客運服務。1998年 12 月 16 日，中旅國際宣佈與信德集團成立一間專營船務的新合資公司（SHIP RIGH INVESTMENTS），信德和中旅國際分別持有新公司 71% 和 29% 的權益，其業務主要經營來往港澳的航線。

「錦繡中華」號

　　香港中旅集團和湖北揚子江遊船公司合資建造「錦繡中華」號豪華旅遊輪船。從 1994 年 10 月 2 日首航至同年 12 月，共接待遊客 1339 人次；1995 年 3 月 30 日至 8 月 28 日接待遊客達 2198 人次。1995 年 7 月，交通部發佈關於整頓長江三峽涉外遊船的通知，按規定對「錦繡中華」號進行了「傾斜試驗」。經測試和審核，「錦繡中華」號遊輪被列為首批合格的長江涉外遊船之一。

　　（3）航空客運服務。1992 年，香港中旅集團以 17 億港元從滙豐購入國泰航空公司 5% 的股權。1993 年 9 月，與中國國際航空公司、深圳市和中銀信貸合作成立深圳航空公司。深圳航空公司總投資 28110 萬港元，香港中旅集團佔 40% 股權。截至 1996 年在全國開闢 30 多條航線，年旅客運輸量達 60 多萬人次。

1993 年深圳航空公司開航典禮

　　4·拓展海外業務

　　20 世紀 80 年代，為配合集團國際旅遊和其他業務的發展，香港中旅集團把拓展海外業務作為重要戰略發展目標，陸續在重點旅遊客源國設立海外分社，建立國際業務網絡。1989 年 11 月 1 日，日本中旅社申請一類旅行社牌照獲日本政府運輸省批准並正式登錄。1990 年，印度尼西亞中旅社在雅加達自置物

業，命名為印度尼西亞中旅大廈。1992 年 6 月 20 日，香港中旅集團參加了印度尼西亞雅加達博覽會。其中，香港中旅社是自中國、印度尼西亞複交以來首個到印度尼西亞參展的中國旅遊機構，是參展中唯一一家旅行社，又是唯一使用中文招牌參展的單位。

海外分社為開拓國際商務客源，積極主動和中國出口商品交易會聯繫。自 1990 年廣州秋交會開始，新加坡中旅社、美國中旅社、泰國中旅社、德國中旅社和英國中旅社等社先後與廣交會簽訂合作協議，全權代理廣交會在海外的發帖業務。據廣交會的統計，通過海外分社發帖來華參加廣交會的客商逐年增加，僅 1994 年春交會美國客商就來了 2831 人。隨着發帖業務的開展，逐步形成系統的商務客源網絡。

1997 年，德國中旅社爭取到接待第八屆全國政協主席李瑞環專機組的任務。李瑞環於 1997 年 6 月 5 日至 11 日訪問德國慕尼黑、柏林和波恩等城市。在此期間，李瑞環及全體專機組人員均由德國中旅社安排接待。訪問結束後，全體機組人員對德國中旅社的服務和接待表示非常滿意。

5．加大實業投資力度，實施多元化發展

香港中旅集團從單一經營傳統旅遊業務向多元化轉變，積極拓展實業投資，推動企業多元化發展。集團先後參與投資 60 多個項目，投資總額達 100 億港元，投資領域涉及工業、基建、房地產、高科技等，利用香港國際金融中心的優勢，為改革開放，引進外資做出了貢獻。

（1）持續發展貨運、倉儲、貿易等傳統業務。貨運是香港中旅集團傳統主體業務之一。幾十年來，香港中旅集團作為香港與內地間的鐵路運輸總代理，為兩地進出口貨物運輸提供了良好服

務，同時也促進了自身業務的多元化發展。根據市場需要，在大力發展鐵路貨運的同時，積極拓展香港與內地間的汽車集裝箱拖運，經營內地和香港及世界各地海陸空貨物聯運及相關業務，還拓展了快遞、冷藏車和超大型機械設備等特種運輸項目。

隨着業務的擴大，1985 年 8 月 13 日，集團將香港中國旅行社貨運部與駁運部合併，成立香港中旅貨運有限公司（簡稱「中貨公司」），為集團直屬公司，專注發展代理貨運及運輸服務業務。中貨公司有幾十年專業物流經驗，擁有龐大而密切的國內業務網絡。中貨公司獲經貿部和鐵道部准許，統一辦理由深圳經鐵路到九龍的中國貨物進口貨運。

碼頭駁運現場

國際貿易的發展促進歐亞大陸與世界貿易往來越來越多。1991 年 6 月，中貨公司開始承辦香港到歐亞大陸的國際鐵路轉運業務。貨物在香港裝車後，經深圳到中國其他邊境城市，然後到朝鮮、蒙古、俄羅斯和哈薩克斯坦等周邊國家。

（2）開拓實業投資新領域。為了開拓實業投資業務，香港中旅集團於 1985 年 7 月 16 日註冊成立香港中旅經濟開發有限公司。1993 年 3 月 8 日，河北省唐山市豐南縣胥各莊鎮經濟發展總公司與香港中旅集團在唐山市工商局註冊成立唐山國豐鋼鐵有限公司，香港中旅集團佔 51%，唐山市豐南縣胥各莊鎮經濟發展總公司佔 49%。1993 年，香港中旅集團與中國石化蘭州煉油化工總廠簽訂了合作意向書，就雙方合資經營甘肅蘭港石化有限公司正式簽約，雙方共同投資 3.53 億元人民幣，在甘肅省蘭州市興建一座化工廠，其中，香港中旅集團投資 30%，投入資金 1200 萬美元；蘭煉總廠投資 70%。

（3）着力拓展房地產業。香港中旅集團於 1985 年 7 月 26 日和 1986 年 3 月 26 日先後成立香港中旅裝修有限公司、香港中旅置業有限公司和香港中旅建築有限公司，負責多項工程項目的設計、施工、裝修以及技術咨詢、置業、租務等服務，開始着力開拓房地產業。集團在香港、澳門和內地擁有土地儲備和一批

歷史故事：香港中國旅行社貨運服務業務發展

1985 年，香港中國旅行社將貨運部與駁運部合併，成立香港中旅貨運有限公司，為集團直屬公司，專注發展代理貨運及運輸服務業務。

地產項目，如廣州中旅商業城、上海匯麗花園、深圳世界花園，以及香港大埔「聚豪天下」別墅等。1986年，中旅建築公司先後參加深圳華僑城建設、東方花園別墅區規劃設計及建設、錦繡中華的規劃設計等。

（4）涉足金融保險業。1993年9月3日，由香港中旅集團、力寶集團、深圳工商銀行合資成立華商銀行在深圳華僑城開業，華商銀行是深圳第一家中外合資股份制銀行。

6．香港中旅國際投資有限公司在香港聯交所上市

1992年7月21日，集團在香港註冊成立了香港中旅國際投資有限公司（簡稱「港中投」），10月27日公開招股，市場反應熱烈。共發行4億股新股，每股發售價1元，集資4

1992年7月香港中旅國際投資有限公司成立

億元，每 5 股送一份 94 認股證，超額認購 411 倍，凍結資金 1500 多億港元，創下當時香港股市認購倍數及凍結資金兩項最高紀錄。1992 年 11 月 11 日，港中投於香港聯交所正式掛牌上市（股票代號 308），標誌着香港中旅集團已發展成為以旅遊為主業、多元化經營的大型企業集團。

（1）收購深圳錦繡中華發展有限公司。1992 年 8 月 18 日，港中投以合計人民幣 2240 萬元（以當時市價折算為 0.32 億港元）向港中旅和深圳特區華僑城經濟發展總公司分別購入 49% 和 2% 的錦繡中華公司股權，使錦繡中華公司成為港中投的首家附屬公司。

（2）收購香港中旅港澳遊管理有限公司、旅欣興發展有限公司、SMART CONCORD ENTERPRISES LTD. 和 20 輛旅遊車。1993 年 11 月 18 日，為加強港中投的盈利能力，港中投以合計 10.55 億港元向香港中國旅行社收購了港澳遊、星港酒店、京港酒店和 20 輛旅遊車。

（3）收購深圳世界之窗有限公司。港中投於 1992 年上市時，香港中國旅行社持有 50% 世界之窗的股權。為避免母公司與港中投業務相互競爭，承諾「世界之窗」開業後 18 個月內將持有的「世界之窗」的全部股權售予港中投。

歷史故事：港中投的投資與收購

1992 年，在香港註冊成立香港中旅國際投資有限公司（簡稱「港中投」），並於 10 月 27 日公開招股，創下當時香港股市認購倍數及凍結資金兩項最高紀錄。

7．推動企業文化建設

當時，香港中國旅行社鼓勵員工學習外語。20 世紀 70 年代初，公司就曾選派基層年輕骨幹到澳門學習葡萄牙語。1978年，香港中國旅行社招收了一批年輕中學畢業生並安排他們在漢華中學接受培訓，主要學習英語、普通話和地理等內容，學費和生活費均由香港中國旅社負責。20 世紀 80 年代初，在策劃和籌備成立香港中旅集團的同時，香港中國旅行社越來越意識到人才的重要，於是在 1984 年 9 月 14 日成立了培訓中心。集團成立後，培訓中心在香港和深圳華僑城分別設有人才培訓基地，擁有電子化教學設備，利用集團專才及香港和內地大學的師資，有計劃、分層次地培訓集團員工、業務骨幹和中級管理人員，提高人才素質。

8．為國家僑務工作和香港社會事務做出重要貢獻

（1）堅持「服務社會」的宗旨。1954 年重組以來，在中央僑委以及國務院僑辦的領導下，香港中旅集團突出一個「僑」字，竭誠為世界各地的華僑華人服務，被世界華僑華人譽為「華僑之家」。香港回歸和進入新世紀後，始終秉承「在商言商、在商言政」的宗旨，積極參與國家及香港的社會事務，為國家的經濟建設和香港的繁榮穩定發揮了重要作用，在社會上樹立了良好的企業形象，得到中央以及中聯辦的好評。

（2）為特區政府和解放軍駐港部隊承擔重要特殊任務。1996 年 1 月 28 日和 29 日，香港特區代表，人大、政協代表，港事、區事顧問邵逸夫、安子介、李君夏等人乘中汽公司豪華巴士，在深圳首次參觀將於 1997 年後駐港的解放軍部隊。1998

年，接載原國家主席楊尚昆在香港期間的考察、遊覽等活動。回歸十年來，連續十年運送 2400 名解放軍駐港部隊官兵返回內地。

1996 年中旅汽車和駐港部隊合影

（3）承擔香港回歸重大活動的接待任務。1997 年 7 月 1 日香港回歸之際，國務院僑辦邀請了 33 個國家和地區的華僑、華人代表 303 人，嘉賓家屬及隨員約 300 人，來香港參加盛大的回歸慶典活動。國務院僑辦委託港中旅負責嘉賓團的接待工作。港中旅同時應新華社香港分社、外交部禮賓司和國務院台辦的要求，為中央代表團、軍樂團和儀仗隊提供車輛、住房服務。

歷史故事：為國家僑務工作和香港社會事務做出重要貢獻
香港中旅集團為國家僑務工作和香港社會事務做出重要貢獻，舉辦和參與舉辦的重要社會活動記載。

97年千人回歸慶典團團員獲發"香港中國旅行社—97香港回歸祖國紀念證書"

1997年香港中國旅行社頒發千人回歸慶典團團員紀念證書

（4）多次為訪港的國家運動員提供接送服務。1996年10月4日至9日，中國奧運獲獎運動員在香港進行訪問活動，中汽公司受香港新華社委託，選派兩輛豪華旅遊巴士參與接待。訪問團共49人。代表團領導和運動員臨別時給中汽公司簽名題字表達對港中旅服務的讚揚和感謝。2000年11月，在澳大利亞悉尼奧運會後，中國20多名金牌運動健兒來香港進行四天訪問和表演，香港中旅集團出色地完成了各項接待服務任務。

歷史故事：香港回歸慶典的重大接待任務

香港中旅集團認真履行「在商言商、在商言政」責任，圓滿完成1997年香港回歸慶典的重大接待任務。

1994 年世界女排超霸杯現場

（5）舉辦和參與舉辦的其他重要社會活動。參與協辦 1993 年深圳「中國大中型企業對外經濟技術合作洽談會」、參與協辦 1994 年三峽經濟洽談暨「錦繡中華」輪首航活動；承擔 1995 年為敦煌文物赴港展覽的國寶運送任務；參與接待 1991 年香港中旅世界女排超霸杯、1992 年中日友好觀光年、香港 1997 年國際乒聯巡迴賽、美國夏威夷水仙花訪問團；贊助 1999 年「香港中旅第四屆世界遊泳錦標賽」等。

（6）參與香港及內地的社會公益事業。1992 年 3 月 28 日香港中旅集團職工聯誼會成立。聯誼會組織集團員工，為內地和香港做了很多有益的工作，其中捐援香港公益金及內地災區方面成績突出。

香港中旅集團職工聯誼會活動

9・亞洲金融風暴前集團業務的調整與發展

（1）國務院僑辦對香港中旅集團領導班子做重大調整。1995年7月，國務院僑辦主任助理朱悅寧接任集團董事長，諸有鈞任副董事長。隨後又任命沈主英、張小舒、邱毅勇、楊毅生、任克雷任常務董事，蔡福就、陳兆祥任董事。朱

歷史音頻：職工聯誼會開展多元化員工活動

1992年3月28日，在原中旅社職工福利部的基礎上成立集團職工聯誼會，職工聯誼會緊緊圍繞企業文化建設核心，積極開展各項活動。

歷史音頻：參與香港及內地的社會公益事業

香港中旅集團為香港和內地做了很多有益的工作，尤其在捐援香港公益金及內地災區等方面。

悅寧兼任集團總經理及香港中旅國際投資有限公司主席，沈主英、張小舒、邱毅勇、楊毅生、任克雷、盧瑞安任集團副總經理。1996 年增補鄭洪慶、徐士荃為集團常務董事兼副總經理。林水龍、馬志民轉任集團顧問。

（2）新班子對集團業務做調整整合。香港中旅集團從 20 世紀 70 年代末 80 年代初開始，藉助改革開放的有利機遇，業務領域和業務規模都迅速擴大。到 20 世紀 90 年代中期，已經形成集團式、多元化的發展態勢。同時，在高速發展過程中也存在一些不足和問題：一是對投資項目的綜合平衡不夠，中長期項目較多，一旦金融市場環境出現逆轉，在資金運籌上就會產生嚴重困難；二是增多投資項目形成業務多元化過程中，組織架構的調整、管理人才和專業人才的配備、規章制度和運作流程的建立、健全等方面不能及時跟上，科學化管理顯得不足；三是在市場形勢發生變化的情況下，出現內地合作方缺乏資金，迫使香港中旅集團單方增資幅度加大等問題。

面對這種局面，集團決定對過去投資的項目逐一進行清理，新的領導班子從 1995 年下半年開始，採取一系列措施進行調整、整頓、整合，當時確定的

公司領導名錄：
香港中國旅行社歷任領導班子組成情況

時任領導訪談：
香港中旅集團時任領導訪談

工作思路是：深化改革，整頓整合，相機發展三者並重。1995年9月，集團成立了兩個專職小組：清理投資項目小組、企業改革調研小組，開展企業改革和投資項目清理工作。改革中，要求從集團的歷史和現狀出發，以業務上行業歸口管理為基本原則，建立多元業務體系，形成以集團公司為投資主體，以產權關係為紐帶，以專業化經營管理為主要特徵的管理體制新格局。經過調整，將現有企業歸併為旅遊、酒店、貨運、貿易、實業、地產建築、科技計算機、金融保險、文化出版9個系列，進行資產和業務的重組。同時，對集團內部機構也進行了調整，增設了審計部和投資策劃部。

（3）推動業務發展，壯大上市公司。集團在對業務做調整、整頓、整合的過程中採取快速發展策略，加大上市公司港中投運作力度，同時着力籌建香港中旅金融投資有限公司。中旅金融公司成立於1995年8月8日，屬香港中旅集團全資附屬公司，是集團在香港及國際資本市場的融資窗口，進行金融投資業務。

（4）擇機發展新項目。1995—1997年，重點發展了一批投資少、見效快的優質項目，其中有實業、房地產、酒店、旅遊設施、金融等。

歷史故事：壯大上市公司

　　港中投從單純旅遊概念股逐步轉向以旅遊為主的綜合概念股，通過配售新股、發行可換股債券，在國際上發行商業票據和浮息債券，組織銀團或俱樂部貸款，以及在國內融資等形式，為企業發展提供資金。

實業項目主要有渭河電廠、甘肅蘭煉中旅石化、路橋項目如京滬高速公路（天津北段）、福州三橋和武漢咸寧等。其中，1996 年 6 月，由香港中旅集團與中國石化蘭州煉油化工總廠合資成立的大型石油化工企業，是當時甘肅省最大的合資企業。1997 年 2 月 17 日，香港中旅集團與旗下上市公司港中投及沿海國際簽約成立中旅沿海交通投資有限公司。

渭河電廠

歷史故事：擇機發展新項目

發展新項目:一是對過去搞的項目，通過追加投資、加強管理、加快進度，取得良好效益；二是 1995 — 1997 年發展了一批投資少、見效快的優質項目。

　　1995 年起，集團在房地產領域投入了較多的人力和財力。當時已有的房地產項目超過 10 個，投放的資金近 30 億元。

　　酒店項目方面，截至 1996 年，集團的酒店業約有 60 億元淨資產。通過委託管理、顧問管理、特許管理等方式，向海內外酒店提供專業化、規範化的管理督導。截至 1999 年，香港中旅集團屬下有全資酒店 5 家、控股 7 家、合資合作 6 家、輸出管理 3 家，另有在建和協議投資 2 家。客房總數達到 5500 多間。

　　1996 年 9 月，香港中旅集團與湖南省廣播電視發展中心、深圳華僑城經濟發展總公司聯合投資興建大型文化主題公園長沙世界之窗。1997 年 10 月 16 日，長沙世界之窗正式開業。

　　1997 年 8 月 18 日，香港中旅集團斥資 2.6 億元，聯手麗新酒店國際有限公司和僑福建設企業等機構，購得深圳寶日高爾夫球場經營權，將其重新命名為深圳聚豪會高爾夫球會，並於 1999 年 3 月 20 日舉行了開幕典禮。

　　1997 年 10 月，亞洲金融風暴突如其來，香港金融市場動盪。集團各項業務出現萎縮，業務收入難以維持企業基本運營。同時，一批新上的基建、地產項目處於資金集中投入期，難以提供現金回報；外資金融機構急劇收縮，使集團原定的融資計劃化為泡影，財務和債務危機將集團推到了極其困難的境地。儘管集團採取了一系列應對金融危機、解決財務困難的舉措，但在金融風暴的影響下，損失仍非常嚴重。1998—1999 年，集團連續兩年出現大額虧損和資不抵債情況，2000 年年初，集團已處於可能破產和被外資銀行清盤的巨大危機中。

　　1999 年 4 月 9 日，中共中央辦公廳、國務院辦公廳發出「關於印發《中央黨政機關與所辦境外企業脫鈎的總體處理意見和具體實施方案》的通知」，香港中旅（集團）有限公司與國務院僑務辦公室脫鈎。脫鈎後，集團完成僑務工作載體的使命，成為按照現代企業制度運作的企業集團，歸中央大型企業工委領導，成為中央所屬 44 家特大型企業之一。同時，華僑城正式獨立，與香港中旅集團分開經營。

05

2000—2016年

定向遠航 · 打造一流的旅遊央企

旅遊業迎來高速發展，逐步上升為綜合性產業，香港中旅集團、中國中旅集團、中國國旅集團在時代洪流中培育壯大，具備了打造領航企業的條件。

隨着旅遊業被確定為國民經濟新的增長點，港澳遊、邊境遊和出國遊實現全面發展，旅遊業呈現百花齊放的態勢。其間，港中旅走出危機，進一步加大內地市場投資發展，整合招商國旅、開啟網上業務、堅決擁護香港「一國兩制」、積極發展赴台旅遊業務；中國中旅合併中國旅貿，位居北京市場第一；中國國旅位列國內旅遊業第一，中國免稅在國內商貿企業中排名第一，突破海外市場，建成世界最大的單體免稅店，打造第一家海外市內免稅店和國內首個免稅會員系統。

一、中國旅遊商貿服務總公司與中國中旅集團戰略重組

2002 年 3 月，中國旅遊商貿服務總公司（簡稱「中國旅貿」）與受讓方簽訂協議將其持有的中國泛旅實業發展股份有限公司（簡稱「中國泛旅」）的 51% 股權溢價轉讓給北京航天衛星應用總公司。9 月，股權轉讓法定程序全部履行完畢，實現了對中國泛旅的資產重組。中國旅貿承接了原中國泛旅的主要業務和人員，實現重組後，中國旅貿及其下屬企業仍共同持有中國泛旅（更名為中國衛星）11% 股權，成為第二大股東。

2002 年重組中國泛旅協議簽字儀式

公司領導名錄：
中國旅遊商貿服務總公司歷任領導班子組成情況

時任領導訪談：
中國旅遊商貿服務總公司時任領導訪談

2004 年，根據國資改革〔2004〕552 號文的要求，中國旅貿與中國中旅集團實現了合併重組，成為中國中旅集團的全資子公司。中國旅貿的發展戰略納入中國中旅集團戰略管理之中。根據《合併重組方案》確定的發展戰略，中國中旅的發展分為三個步驟，即「調整優化、行業領先、國際知名」。中國旅貿承擔着中國中旅集團主業之一的旅遊服務業的發展任務，將按照中國中旅集團確定的戰略發展方向和總體部署分步實施、穩步發展。中國旅貿原來確定的主業發展方向之一的旅遊景區開發業務，包括客運索道、溫泉度假項目資產和相關人員一併劃入中國中旅景區開發板塊的主業公司──中景公司；將中國中旅其他部分子公司與中國旅貿商貿和置業相關業務劃入中國旅貿，如花木基地和方莊物業，使中國旅貿的主營業務集中在旅遊商業不動產項目、商貿、置業和汽車等方面。

廬山秀峰索道

按照集團的要求，中國旅貿成立了董事會，董事會由 5 人組成，董事長為法定代表人。董事會行使戰略規劃、投資決策、收益管理以及重大事項決策等職權。通過建設運營望京旅遊商業不動產項目，以及整合公司自有辦公樓和集團置入方莊物業、花木基地物業的出租管理，中國旅貿將形成以物業出租經營管理為核心，傳統商貿業務為基礎，汽車 4S 店汽車銷售與服務為依托的三業並舉的經營格局。其中，商貿業務在維持發展的基礎上力爭不斷擴大規模，成為公司銷售收入的主要貢獻單元；物業經營業務在形成穩定的可出租面積的基礎上成為公司利潤的主要貢獻單元；汽車銷售和售後服務業務為公司創造收入及可觀的利潤，並為公司提供來自各個行業的穩定客戶資源，為公司研究開發增值業務和創新服務內容提供必要條件。公司各項業務在經營規模、效益和資金流方面逐步形成相互依托、互融互通的格局。

二、中國免稅品（集團）總公司與國旅總社戰略重組

2000 年，中國免稅品（集團）總公司（簡稱「中免集團」）總營業收入首次突破一億美元大關，下屬免稅店數量達到 134 家，直營店達到 61 家。2000 年，在財政部對中央企業的績效評判中，中免集團綜合評分排名第七；在商貿類企業行業評分中排名第一。財政部「2000 年全國國有資產保值增值率標準值」對比計算，中免集團在中央企業中排名第十四。3 月，經國務院批准，財政部、海關總署、國家稅務總局和旅遊局聯合下發《關於印發〈進一步加強免稅業務集中統一管理的請示〉的通知》。5 月，中免集團在巴黎設立歐洲辦事處，推動實現免稅品原產地採購。這一年，香港中國免稅品有限

公司成為中免集團在港全資子公司。

2001 年 11 月 16 日，亞洲一流水平的上海市內免稅店落成開業。2002 年 5 月，中免集團主辦的中國旅遊零售高峰會在北京人民大會堂舉行，這是中國首次舉辦旅遊零售業的大型國際研討會議。7 月，全國人大常委會副委員長萬國權視察上海市內免稅店。8 月，深圳皇崗口岸免稅店開業。12 月，第十九次全國免稅業務工作會在海南三亞博鰲召開，會上中免集團號召行業戰略重心向零售轉移，強調貫徹執行集團化、連鎖化經營之路的必要性。

奧組委授權中免集團成為 2008 奧運產品
特許零售商證書

2003 年 4 月，深圳羅湖免稅店對外營業。

2004 年，中免集團成立 20 周年，銷售額突破 2 億美元，免稅店數量達 154 家，躋身世界免稅品牌前二十強。5 月，大連市內免稅店開業。8 月，北京奧組委正式授權中免集團成為首批 2008 奧運產品特許零售商。

公司領導名錄：
中國免稅品（集團）總公司歷任領導班子組成情况

時任領導訪談：
中國免稅品（集團）總公司時任領導訪談

　　2003 年 12 月，國務院國資委下發《關於同意中國鐵路工程總公司等 6 戶企業重組的通知》，批准中國國際旅行社總社與中國免稅品（集團）總公司進行重組。2004 年，中免集團與中國國際旅行社總社完成戰略重組，共同組建中國國旅集團公司。

2004 年國旅總社和中免集團重組成立中國國旅集團公司

時任領導訪談：
中國國旅集團時任領導訪談

一、香港中旅集團走出困境、奮力發展

2000 年 4 月，中央對香港中旅集團領導班子進行調整，任命車書劍為香港中旅（集團）有限公司董事長。

香港中旅集團 2000 年度總結表彰大會

歷史故事：奮力拼搏 危中尋機

香港中旅集團領導班子進一步對集團情況進行調研分析，根據實際情況提出「三步走」策略，設法擺脫困境，實現第二次創業的思路。

時任領導訪談：

香港中旅集團時任領導訪談

2000 年，國務院總理朱鎔基主持召開國務院總理辦公會議，會議研究了如何解決香港中旅集團財務危機等問題。鑒於時間緊迫，會議要求先由中國銀行對外資債權銀行開具 1.35 億美元備兌信用證，之後再辦理抵押手續。

截至 2000 年年底，由於國務院採取增撥資本金以及中國銀行開具備兌信用證等措施，外資債權銀行對香港中旅集團有效應對財務危機的信心大大增強，不再要求香港中旅集團提前歸還所有貸款。同時，新領導班子和各部司人員積極清欠變現，按期償還了當年到期的債務，香港中旅集團暫時渡過了還債危機。

2001 年 1 月 9 日，中組部和香港中聯辦在深圳召開會議，會上時任中組部副部長孫曉群宣佈了國務院《關於張學武、朱悅寧職務任免的通知》：國務院 2001 年 1 月 8 日決定，任命張學武為香港中旅（集團）有限公司副董事長、總經理，免去其中國五金礦產進出口總公司副總裁職務；免去朱悅寧的香港中旅（集團）有限公司副董事長、總經理職務。

新一屆領導班子在繼承和發揚中旅光榮傳統的基礎上與時俱進，提煉了「愛國、愛港、愛中旅」和「敬業、奉獻、務實、創新」的企業精神。

香港中旅集團十年發展戰略與規劃中明確提出「發展壯大旅遊主業，不斷增強主業核心競爭力，保持行業領先地位；積極培育和發展鋼鐵、旅遊地產和物流貿易三個支柱產業，有效提高全集團經營創利、投資發展和抵禦風險的能力」。

從 2001 年開始，香港中旅集團用了三年時間，緊緊圍繞扭虧、增效減債這一中心任務，在清理整頓、清欠變現方面狠下功夫，着重盤活存量資產，取得了積極成效，使集團連續三年實現盈利，確保了國有資產保值增值，香港中旅集團徹底走出困境，實現經營和財務狀況的基本好轉，為提速發展、資產增加與產業優化奠定良好基礎。

2001 年 8 月 30 日，香港中旅集團在北京註冊了「港中旅國際旅行社有限公司」，主要經營內地和香港的旅遊業務，並於 2002 年 1 月 25 日正式開業運營。

港中旅國際旅行社有限公司參展現場

　　2003 年 2 月下旬，廣州中山大學第二附屬醫院一位教授曾入住集團屬下的京華酒店，將 SARS 病毒直接傳染給了九層同樓的另外 6 位客人。2003 年 3 月，「非典」疫情在香港暴發。香港中旅集團把防範「非典」疫情作為當時的首要任務，時任領導班子提出抗擊 SARS「三保」「三防」方針。4 月中旬，SARS 疫情進一步惡化，旅行社系統組團、訂票和訂房等業務基本停擺，港澳遊公司業

歷史故事：調整整頓 走出困境

　　黨中央、國務院對香港中旅集團出現的困難極為關心和重視。香港中旅集團堅決採取清理、整頓和改革等措施籌集資金，如期償還債務，順利走出困境。

務完全停頓。5月23日，世界衛生組織取消香港旅遊警告，集團下屬企業全面迅速恢復正常生產，並取得了許多可喜的成績。

2003年，經營數據顯示，香港中旅集團的營業額和利潤額集中依賴少數公司，盈利模式存在較大的脆弱性和風險性。針對這種情況，集團領導班子認為要再拿出四年的時間繼續苦練內功，強固基礎、全面優化。因此，香港中旅集團確定2004—2007年的中心任務：「以科學的企業發展觀為指引，按照保穩、重優、創新的經營方針，重點抓好企業產業結構、投資結構、財務結構、債務結構、資產質量、服務質量、管理水平和隊伍素質的全面優化，實現經營、管理、財務狀況的根本好轉。」

京華酒店（現名香港九龍維景酒店）

歷史故事：眾志成城抗非典　保證旅遊主業健康發展

疫情就是命令。集團把防範 SARS 作為首要任務，千方百計做好確保港中旅員工安全、確保經營場所安全、確保接待客人安全的「三保」工作，同時要努力抓好經營工作，認真做好防範經營風險、財務風險和金融風險的「三防」工作。

2004 年，香港中旅集團在北京、上海、成都、青島、西安、烏魯木齊和廈門等省市，以獨資、合資等方式成立旅行社，實現銷售收入 10.3 億元人民幣，經營利潤 1602 萬元人民幣，為香港中旅集團的業務發展做出積極貢獻。

2005 年，中酒公司加強對下屬酒店的管理力度，提高了下屬酒店的盈利能力，開始打造「維景」品牌，同時強化酒店輸出管理能力，積極培育中旅酒店管理品牌。

2005 年 6 月 30 日，香港中旅集團利用有利時機，通過無償劃轉的方式，成功接收中國招商國際旅遊管理總公司，加快了香港中旅集團在內地旅遊網絡佈局速度，加大了旅遊網絡競爭優勢，港中旅在內地的網點由 12 個躍升到 27 個，初步形成在全國重點城市和主

香港銅鑼灣維景酒店

歷史故事：全面優化 健康成長

按照集團十年發展戰略與規劃的指導思想「發展壯大旅遊主業，不斷增強主業核心競爭力，保持行業領先地位；積極培育和發展鋼鐵、旅遊地產和物流貿易三個支柱產業，有效提高集團經營創利、投資發展和抵禦風險的能力」。在 2004—2007 年，集團主要抓了十三個方面的工作，取得良好成績。

要旅遊城市的網絡布局，香港中旅集團在內地的旅行業務迅速跨入全國三強之列。香港中旅集團整合中國招商國際旅遊總公司後，成立了中國港中旅集團公司，與香港中旅（集團）有限公司實行「兩塊牌子、一套班子」管理體制。

中國招商國際旅遊管理總公司管理權移交呈報國資委報告文件

移交儀式前招商國際旅遊總公司中層及以上管理人員與招商局集團領導合影

時任領導訪談：
中國招商國際旅遊總公司時任領導訪談

公司領導名錄：
中國招商國際旅遊總公司時任領導班子組成情況

2005年以來，香港中旅集團通過精心設計開發蘇州和瀋陽等新地產項目，以環保、優質、舒適、溫馨的設計理念，全力打造房地產精品特色，塑造知名品牌。特別是瀋陽歐陸風情旅遊小鎮的建設項目作為集團房地產開發隊伍的一次大考驗，為日後大規模開發積累了經驗，奠定了基礎。

2006年春節前，珠海海泉灣開始對外營業。該項目總佔地面積為4.2平方千米，具有會議會展、休閑度假、溫泉沐浴、運動健身、美食購物、遊樂觀賞和體檢休養等功能，為當時國內規模最大、配套最齊全、特色突出、品牌卓著的新型旅遊度假城。2007年國家旅遊局授予珠海海泉灣國內首家「國家旅遊休閑度假示範區」稱號。

珠海海泉灣

2006 年 3 月，香港中國旅行社以良好的信譽和雄厚的實力，從眾多競爭強手中脫穎而出，被 2008 年北京奧運組委會和中國香港奧委會授予 2008 年北京奧運會香港票務總代理資格，向廣大香港市民發售 2008 年北京奧運會開幕式、閉幕式和部分賽事門票。

2008 年 3 月 28 日香港中旅集團在北京人民大會堂舉辦「金牌服務迎奧運」新聞發佈會

時任領導訪談：
香港中旅集團、中國港中旅集團時任領導訪談

　　2006 年 3 月 31 日，香港中旅集團旗下品牌芒果網正式運營，專業從事在線旅遊服務，主要為遊客提供預訂酒店客房、機票、旅遊度假產品、商務旅行及公司差旅管理等旅遊在線服務。這標誌着香港中旅集團網上旅遊業務有了新的、更大的突破。

　　2006 年，面對鋼鐵行業產能過剩、市場競爭激烈的壓力和挑戰，國豐鋼廠迎難奮進，瞄準國內一流水平，實行技術、設備、產品和員工隊伍的全面優化，提升企業裝備水平，調整產品結構，持續穩定發展，成為集團重要的支柱產業。

國豐廠區

　　2006 年 6 月，中央對香港中旅集團主要領導做出調整，新舊領導班子順利交接，張學武出任董事長、熊維平出任總經理。6 月 21 日，中央組織部、國資委在集團大廈組織召開管理人員會議，宣佈了中央關於香港中旅集團主要領導調整的決定。

　　2007 年，中國港中旅集團與中國中旅集團實現合併重組，這是兩家企業發展史上具有里程碑意義的一件大事。2007 年 3 月 24 日，雙方領導正式會面；4 月 20 日，兩家集團達成共識；4 月 28 日，向國資委報文；5 月 31 日，時任國務院總理溫家寶批准同意；6 月 20 日，國資委正式批准中國中旅集團併入中國港中旅集團成為其全資子企業，中國港中旅集團按照管資產和管人、管事相結合的國有資產管理體制，履行出資人職責。

2007 年 6 月 22 日，中國中旅（集團）公司與中國港中旅集團公司重組整合會議

2008 年時任集團領導班子合影

歷史故事：中國中旅集團和港中旅集團的合併重組
　　時任國務院國資委企業改革局局長劉東生正式宣佈了國務院和國資委的決定，並對兩集團的整合重組給予了高度評價。

時任領導訪談：
香港中旅集團、中國港中旅集團時任領導訪談

2008 年 1 月 25 日，香港特別行政區第十一屆全國人民代表大會代表選舉會議在香港舉行。香港中旅集團董事盧瑞安當選為港區全國人大代表，成為香港旅遊業首位全國人大代表。

香港中旅集團董事盧瑞安當選為港區全國人大代表

2008 年 7 月 4 日，中旅總社組織的大陸居民赴台灣旅遊首發團啟程，開始為期 10 天的台灣環島旅遊。這也是台灣開放大陸居民旅遊後香港中旅集團組織的第一個旅遊團。

中旅總社組織的台灣遊首發團

　　2008 年 8 月 8—24 日，第 29 屆奧林匹克運動會在北京舉辦。在香港中旅集團奧運安保應急指揮中心統籌和酒店板塊各企業的緊密配合下，圓滿完成奧運村住宿服務接待以及各簽約酒店接待任務。

2008 年夏季奧運會（殘奧會）港中旅集團奧運村服務接待團隊合影（部分）

　　2008 年 9 月 29 日，香港中旅集團成立 80 周年慶祝酒會在香港會議展覽中心隆重舉行，香港特首、香港中聯辦領導和駐港部隊領導以及各界知名人士參加了慶祝酒會。

2008 年時任集團領導班子在集團成立八十周年慶祝酒會現場合影

領導題詞：
慶祝香港中旅集團成立八十周年題詞

2008 年 10 月 1 日，咸陽海泉灣溫泉世界項目順利試營業，包括溫泉世界、五星級酒店、房地產和城市廣場，這是當時陝西乃至西北地區高檔次、高品位的溫泉休閑中心。

2009 年 5 月 1 日，香港衛生署確認灣仔維景酒店客人中有 H1N1 甲型流感帶菌者，要求酒店封閉管理。在集團和酒店全體員工的共同努力下，取得抗擊疫情的勝利，受到時任香港特別行政區行政長官曾蔭權、中聯辦主任和國資委領導的高度稱讚。

2009 年香港中旅集團員工宣傳抗疫活動

2009 年 7 月 14 日，「中國港中旅．安利心印寶島萬人行活動答謝晚宴」在北京港中旅維景國際大酒店隆重舉行。國台辦、國家旅遊局、交通部、公安部、北京市旅遊局等政府相關部門領導到會祝賀，時任海峽兩岸交流協會駐澳門辦事處主任戴肖峰、中國港中旅集團董事長張學武及安利公司大中華區董事長鄭李錦芬出席並致辭。

2009 年 11 月 3 日至 7 日，海峽兩岸關係協會會長陳雲林率海協會協商代表團前往台灣進行了歷史性的訪問，張學武當時作為海峽兩岸關係協會理事隨行。期間與台灣中國旅行社負責人進行了溝通交流。

2010年5月17日，香港中旅集團海外投資新項目——中國旅行社總社有限公司與外交部服務中心合作開辦的「新加坡中國簽證中心」在新加坡CBD中心區皇家兄弟大廈九樓正式對外營業。時任中國駐新加坡大使魏葦、公使王小龍，新加坡外交部副部長李宗嚴、領事司長翟索漢，新加坡中華總商會等華人社團、中資機構以及新華社、中央電視台以及新加坡各大媒體代表百餘人參加了開業慶典。

2010年10月17日，香港中旅集團在香港小西灣體育場舉辦了集團第三屆運動會。同時，通過活動推出了集團企業品牌口號「星旅相伴，行者無疆」和集團司歌《港中旅之歌》等企業文化符號。

2011年4月11日，香港中旅集團在深圳港中旅大廈舉行首個「公司日」慶典活動，全國各地單位舉行了多種形式的慶祝活動。

集團公司日揭幕

2010年新加坡中國簽證中心開業剪綵儀式

歷史視頻集錦：
香港中旅集團舉辦第三屆運動會視頻

歷史視頻集錦：
香港中旅集團舉行首個「公司日」慶典活動視頻

2011 年 11 月，青島海泉灣度假區開業。該度假區是依托青島第二大海灣——即墨鰲山灣近千米的金色沙灘和海洋溫泉兩個稀缺資源，以海洋溫泉為核心產品的大型綜合旅遊休閑度假區，總佔地面積約 1.87 平方千米。

青島海泉灣夜景

2012 年 5 月 29 日，華貿國際物流股份有限公司在上海證券交易所上市（股票代碼 603128），這是集團在內地股市控股的第一家上市公司。

2012 年 9 月 9 日，香港中國旅行社副董事長姚思榮參選旅遊界別立法會議員選舉，以 523 票對 403 票的表決結果，成功當選第五屆香港立法會議員，也是當時香港旅遊業內唯一一位立法會議員，是香港中旅集團社會參與工作的重要突破。

姚思榮（右數第三位）當選第五屆香港立法會議員

2012 年 10 月 30 日，國務院國資委在深圳組織召開香港中旅集團建設規範董事會工作會議，時任國資委副主任邵寧向中國港中旅集團外部董事王嶺、史焯煒、李文新、張曉鐵和高瑞彬等人頒發了聘書。新一屆董事會由 4 位內部董事：張學武、姜岩、盧瑞安等人以及 5 位外部董事組成。香港中旅集團在中組部和國資委領導下開始規範董事會建設。

2013 年 3 月 12 日至 4 月 1 日，香港中旅集團旅行社板塊承辦了 12000 人赴台獎勵旅遊項目，成為 2013 年國家旅遊局特案批准大陸居民赴台灣地區的最大規模獎勵旅遊團組。

2013 年 8 月 19 日，中國港中旅集團取得燕郊海泉灣項目第一批土地，這是集團地產進軍環京地區的首個項目，標誌着燕郊項目的正式落地，為進軍北京市場奠定了基礎。

2014 年 2 月 13 日，中國港中旅集團與中衛市政府在銀川簽署《關於旅遊資源開發投資合作框架協議》，正式控股寧夏沙坡頭景區。

寧夏沙坡頭景區

2014 年 3 月 8 日，馬航失聯事件發生後，中國港中旅集團旗下北京麗都維景酒店被北京市政府指定為飛機失聯人員家屬接待酒店。酒店第一時間啟動緊急預案，全體員工全力以赴，服務保障工作贏得政府和社會各界高度肯定，彰顯了央企的社會責任擔當。

2014 年 8 月 17 日，香港中旅集團領導和在港各部司員工及部分員工家屬 800 餘人，積極響應香港中國企業協會的倡導，參加香港「保普選、反佔中」大聯盟發起的「和平普選大遊行」，表達了集團員工擁護「一國兩制」方針和基本法、依法實施普選的願望和訴求。

2014 年 8 月 17 日香港中旅集團參加「和平普選大遊行」隊伍

2014 年 8 月 25 日，中國港中旅集團在香港召開集團領導班子成員、總部各部門總經理室成員、板塊公司主要負責人以及在深、在港專業公司主要負責人會議，宣佈姜岩任中國港中旅集團公司總經理。

2014 年 12 月 16 日，香港中旅集團下屬香港中旅金融控股有限公司與
York（美國私募基金公司）及 Pepper（澳大利亞私募基金公司）組成投資團、
設立合資公司安信金融控股有限公司，收購安信信貸有限公司 100% 股權（以
下簡稱「安信信貸」），成功競購安信信貸，持股比例 55%，發展消費金融業務。

2015 年 7 月 2 日，時任國務院總理李克強率中國經貿代表團前往法國空客
總部圖盧茲參加中法工商大會。德國中旅社負責此次李克強總理隨行人員和經貿
促進團在歐洲期間的地面接待任務和會場服務等事宜。

2015 年 7 月 3 日至 9 月 2 日，根據中央統一部署，中央第十巡視組對中
國港中旅集團進行了巡視。巡視組認真貫徹落實中央巡視工作方針和《中國共產
黨巡視工作條例》，聚焦全面從嚴治黨，突出黨風廉政建設和反腐敗工作，把紀
律和規矩挺在前面，緊扣「六大紀律」和「四個着力」開展監督檢查，把發現問
題、形成震懾作為主要任務，深入改革，促進發展，順利完成巡視任務。

2015 年 8 月 8 日，中國港中旅集團酒店板塊出價逾 4 億英鎊收購英國大型
酒店集團 Kew Green Hotels，這是中國港中旅集團在海外的第一個大型併購項目。

Kew Green Hotels 介紹

Kew Green Hotels 酒店集團旗下 Holiday Inn Express Portsmouth 酒店

　　2015 年 12 月 28 日，根據國務院國資委批覆，香港中旅集團全面退出鋼鐵產業，將所持有的唐山國豐鋼鐵有限公司 58.49% 股權和唐山達豐焦化有限公司 35.09% 的股權轉讓給河北省國資委。

　　2016 年 4 月 21 日，中國港中旅集團與中國遠洋海運、中國交建簽署《西沙郵輪項目公司合作協議》。三大央企聯手成立郵輪公司，運營三亞—西沙航線，踐行國家「一帶一路」倡議，履行央企責任，打造本土郵輪第一民族品牌。

南海遊輪

2016 年 8 月 3 日，中國國旅集團與中國港中旅集團召開重組大會，掛牌成立中國旅遊集團公司。國資委領導指出：這次重組是中國旅遊業改革發展史上具有里程碑意義的重要事件，是進一步做強做優做大中央企業、推進中央企業布局結構調整的重要舉措，意義重大、影響深遠。

2016 年 8 月中國國旅集團和中國港中旅集團公司重組大會

二、中國中旅集團與中國港中旅集團戰略重組

進入新的世紀，中國中旅集團堅持「發展是硬道理」的原則，制訂了《中國中旅（集團）公司 2002 — 2010 年發展規劃綱要》，確立以旅行社業和飯店業為主業，以及「調整優化、行業領先、國際知名」「三步走」的發展戰略。

2001 年 11 月，在中國加入世貿組織前夕，應國務院研究室發函要求，時任中國中旅集團總經理劉家驤代表中旅企業發表署名文章，就中國入世後面對新的競爭和挑戰提出了未來發展思路和應對措施。

2003 年 4 月 14 日，在中央電視台舉行的「2003 中國商標大賽頒獎晚會暨商標與知識產權保護主題晚會」上，「CTS 中旅」榮獲了「2002 年中國十大公眾認知商標」。同年，由中國中旅集團組織撰寫的《論企業商標品牌的社會效應》在第三屆中國商標大賽「中國商標 20 年有獎徵文」中榮獲全國一等獎。

2004 年，根據國資改革〔2004〕552 號文的要求，中國旅貿與中國中旅集團實現了合併重組，中國旅貿成為中國中旅集團的全資子公司。

2004 年 11 月 25—28 日，由中國國家旅遊局、上海市人民政府、中國民用航空總局聯合主辦的「2004 年中國國際旅遊交易會」在上海新國際博覽中心隆重舉行。來自 9 個省區的領導及 17 個國家和地區的旅遊部長出席交易會。中國中旅集團代表團經過精心準備，組成了陣容龐大的代表團，由中國中旅集團總經理劉家驤為團長、袁曉燕為副團長、總社總經理宮萬春為領隊，共租用展台 22 個，組織了 15 家單位參展，向海內外旅遊界充分展示了中國中旅集團的整體形象，進一步加強了與海內外同行的交流與合作，樹立「中旅」良好品牌形象。截至 2004 年 12 月，中國中旅集團共註冊國內商標（35 至 45 類）42 件，覆蓋了中國 11 大類旅遊及相關服務領域。其中，「CTS 中旅」商標被國家工商總局認定為馳名商標，曾兩次被北京市工商局認定為北京市著名商標。

2005 年 4 月，中國中旅集團召開四屆一次理事會，會上首次提出了開展品牌加盟特許經營工作，並授權中旅總社具體負責中旅品牌加盟特許經營的推進和管理工作。會議期間，共有 36 家地方中旅社同中旅總社簽訂了為期 2 年的《中國旅行社系統加盟合同》。

2007 年 5 月，為積極響應國資委在中央企業開展「優質服務年」活動倡議，中國中旅集團將深入推進「優質服務年」活動與持續開展的「中旅杯」優質服務競賽活動結合起來，將「優質服務年」活動內容融入「中旅杯」優質服務競賽活動中，不斷擴大豐富活動內容，為在中旅系統持續開展 20 多年的「中旅杯」優質服務競賽活動賦予了新的時代內涵。

2007 年中央企業「優質服務年」活動倡議書新聞發佈暨簽字儀式

2007 年，中國中旅集團與中國港中旅集團公司合併重組，中國中旅集團成為中國港中旅集團全資子企業。這是兩家企業發展史上具有里程碑意義的一件大事。

公司領導名錄：
中國中旅集團歷任領導班子組成情況

時任領導訪談：
中國中旅集團時任領導訪談

（一）中國旅行社總社

2000 年，中旅總社入境旅遊業務呈穩步增長態勢，接待客人總數居北京市旅行社業第二位；經整合，國內旅遊業務處於快速增長，在北京地區國內遊公司排名中名列第一；同時，出境旅遊業務再次刷新歷史紀錄，無論是接待人數還是發展速度，位居北京同行業第一。

2003 年 12 月，中旅總社與全球三大旅遊企業集團之一的德國 TUI 集團合資成立中國第一家外資控股旅行社——中旅途易旅遊有限公司，時任德國總理施羅德出席了剪綵儀式。

2007 年 9 月 27 日，在北京國際飯店舉行的北京市首批 5A 級旅行社頒牌儀式上，中旅總社獲得了「5A」級國際旅行社標牌和證書。

中國旅行社總社代表在頒牌儀式上合影

2007 年 10 月 9 日，中旅總社成為 2008 年奧運會新聞中心官方唯一旅遊接待職能部門，全權負責 2008 年奧運期間非註冊記者來華旅遊接待的全部運營工作。

（二）中旅飯店管理公司

中國中旅集團在國家工商總局註冊「CTS HOTEL」商標，授權中旅飯店管理公司使用。「CTS HOTEL」標誌飯店是在中國中旅集團飯店理事會的基礎上，經過考核符合中旅飯店標準，經中旅飯店管理公司授權使用「CTS HOTEL」品牌的飯店。截至 1998 年年底，已有 27 家二星級至四星級飯店成員。「CTS HOTEL」飯店標誌，通過專業年會各種專業研討會、集體宣傳促銷、開展國內和國際專業交流、開發中旅飯店預訂系統

北京華僑旅居飯店

北京麗都飯店

等一系列活動，不斷增強凝聚力，從而帶動中旅飯店網絡的發展壯大。

經過 1998 年的重組，中旅飯店管理公司成為中國中旅集團所屬三大專業公司之一，擁有北京中旅大廈、北京華僑飯店、蘇州姑蘇飯店、北京麗都假日飯店、北京希爾頓酒店、大連中旅建興大酒店、無錫中旅大酒店、南京希爾頓國際大酒店、吉林國際大酒店及黃山國際大酒店等 16 家全資、參控股合資合作星級涉外飯店，資產總額達數十億元人民幣。作為中國中旅集團飯店理事會的核心企業，中旅飯店管理公司統籌協調由國內中旅系統 60 多家飯店和 4 個飯店管理公司組成的全國性中旅飯店網絡。

中旅飯店管理公司將圍繞飯店業實施「專業化運作，多元化發展」作為未來戰略發展的指導方針，把飯店管理、飯店預訂網絡、飯店用品供應中心作為未來重點發展的三大領域。「CTS HOTEL」標誌成員單位將在集體加入 UTELL 國際飯店預訂網絡的基礎上逐步享有中旅飯店國內預訂網絡、飯店用品統一批量採購、飯店間聯程預訂、飯店專業培訓及人才交流等多種服務內容。

中旅 15 家標誌飯店加入 UTELL 全球飯店預訂和市場行銷網絡簽字儀式現場

（三）中國華僑旅遊僑匯服務總公司

中國華僑旅遊僑匯服務總公司（簡稱「中僑總公司」）成立於 20 世紀 80 年代，是中國中旅集團工貿業的龍頭企業。1999

年年初，根據中國中旅集團的發展規劃和對所屬企業進行集約化經營和專業化管理的要求，重組為以中僑總公司作為母體、融入中旅旅遊汽車公司、中旅集團實業發展有限公司和中旅國際貨運代理公司等企業的工貿業板塊。

中僑總公司經營範圍涉及免稅外匯商品、旅遊商品、家用電器、旅遊汽車客運、國際貨運、出版印刷、化學水處理、工程裝修以及進出口業務等多個領域，擁有貿易公司、免稅外匯商場、印刷廠、製衣公司、水處理工程公司、工程裝修公司和國際貨運公司等近百家企業，是一家跨行業、跨地區的綜合性經濟實體。

中僑總公司在全國中心城市、重點僑鄉設立了 47 家中僑免稅外匯商場，56 個家用電器維修站，向中國常駐境外的各類人員供應免稅物品，形成了較為完善的營銷服務網絡，並與近 40 家地方公司建立了密切的業務聯繫，同港澳台等地區以及日本、歐美、非洲等國家的幾十家廠商建立了穩定的貿易往來關係。

中旅旅遊汽車公司自成立以來，接待了海內外大量的旅遊團隊和重要代表團，為中外賓客的旅遊觀光、探親訪友、商務洽談等活動提供了便捷、優質的交通服務，曾獲得全國城市交通系統優質服務競賽優勝單位和「首都旅遊紫禁杯」最佳企業等榮譽稱號。中汽公司現有大中小型各類旅遊汽車數百輛，形成了以旅遊客運為主，包括汽車租賃、汽車維修、汽車零配件供應、加油站等業務為輔的綜合性服務體系。

中國中旅集團實業發展有限公司，是由北京麗都花木園藝公司、北京國人製衣有限公司、北京京旅印刷廠、北京麗

都水處理工程有限公司、麗都公園管理處和中旅幼兒園等企事業單位組成的綜合性經濟實體。

三、中國國旅集團與中國港中旅集團戰略重組

國旅總社明確了企業「誠信、優質、高效、安全」的質量方針,確立了「以顧客滿意為目標」的質量目標,初步完成企業廣義的質量管理和質量保證體系。2001 年 1 月,國旅總社通過 ISO 9001 國際質量標準體系認證,實現服務質量與國際質量水准的接軌。

2001 年 1 月,國旅總社將原國旅國內旅遊公司、國旅金色假日旅行社、天虹旅行社、諮詢開發公司會議部整合,組建成立了中國國旅國內旅遊有限公司。

2002 年 1 月,國旅總社與美國運通公司合資成立的「國旅運通旅行社有限

2002 年 2 月 26 日國旅運通在上海的開業典禮現場

公司」舉行簽字儀式（2002 年 2 月 26 日在上海正式開業），該公司是獲得中國民航管理局（CAAC）和國際航空運輸協會（IATA）經營許可權的首家商務旅行合資公司。2011 年 5 月，國家旅遊局確定其為第一批試點經營中國公民出境旅遊業務的 3 家中外合資經營旅行社之一。

2002 年 9 月，國旅運通航空服務有限公司在上海市工商局登記成立。

2001 年 9 月 15 日，國家統計局中國行業企業信息發佈中心公布 2001 年中國最大 500 家大企業（集團）。國旅總社榮列 2001 年中國最大 500 家大企業集團之列（第 219 名），旅遊業第 1 名。2002 年 10 月 11 日，國旅總社再次榮列中國 500 強企業之列（第 243 名）。

2002 年 3 月，國務院國有資產監督管理委員會正式掛牌成立，國旅總社改為由國務院國有資產監督管理委員會管理。

2002 年，國旅總社申請註冊「環球行」商標，2003 年取得了商標權。

2003 年 12 月，國務院國資委下發《關於同意中國鐵路工程總公司等 6 戶企業重組的通知》，批准中國國際旅行社總社與中國免稅品（集團）總公司進行重組。2004 年，中國免稅品（集團）總公司與中國國際旅行社總社完成戰略重組，共同組建中國國旅集團公司。中國國旅集團公司成為當時隸屬於國務院國有資產監督管理委員會的唯一一家以旅遊及免稅為主業的中央企業。

中國國際旅行社總社與中國免稅品（集團）總公司重組大會現場

2004 年 6 月 28 日，在世界品牌實驗室（WBL）和世界經濟論壇（WEF）舉辦的「2004 年世界品牌大會」暨「中國 500 最具價值品牌」發佈會上，公布了「國旅」品牌榮列中國 500 個最具價值品牌之列，名列第 53，品牌評估價值 88.81 億元。

2004 年 11 月，中國國旅集團有限公司正式對外宣佈成立。國旅股份公司下轄中國國際旅行社總社有限公司、中國免稅品（集團）有限責任公司和國旅

領導題詞：
慶祝中國國際旅行社總社成立五十周年題詞

（北京）投資發展有限公司等主要子公司，分別負責集團的旅行社業務、旅遊零售業務和旅遊綜合項目開發三大主業。

2006 年 3 月，在香港設立中免（香港）供應公司，實現走向海外市場「零」的突破。8 月，珠海免稅店開業。

2007 年 4 月，與大連外輪供應有限公司簽署戰略合作協議。5 月，中免集團總部零售系統正式上線。10 月，與廣州新白雲國際機場股份公司簽署全面免稅零售業務合作協議。12 月，中國國旅集團與廬山管理局舉行了合作簽約儀式，中國國旅集團向廬山旅遊發展有限公司注資，實現增資擴股。

廬山管理局與國旅集團合作簽約儀式

2007 年 7 月，中國免稅品（集團）總公司更名為中國免稅品（集團）有限責任公司，標誌着中免集團改制工作取得階段性成果。

2008 年 2 月，廣州白雲國際機場免稅店開業。7 月，中國國旅集團和華僑城共同發起成立中國國旅股份有限公司，國旅總社和中免集團為其下屬兩大子公司。同年，與中國青少年發展基金會聯合成立「中國免稅希望基金」。奧運業務當年蓬勃發展，累計開設奧運特許產品專賣店 78 家，實現銷售收入近 4 億元人民幣。

「重建家園—中國免稅與你點燃希望」愛心募捐活動

　　2009 年 10 月，涵蓋了中國國旅集團全部主營業務的中國國旅股份有限公司成功完成首次公開發行上市（IPO），登陸中國 A 股市場（股票代碼：SH601888）。

中國國旅股份有限公司公開發行上市（IPO）

　　2009 年 7 月，中國免稅品（集團）有限責任公司、深圳市國有免稅商品（集團）有限公司、珠海市免稅企業集團有限公司共同舉辦「2009 中國免稅‧竹海

高峰會」。9月1日，三亞市內免稅店一期正式對外營業。10月，「中免零售管理學院」揭牌。12月，與杭州蕭山國際機場簽署合作協議書，首次獨家承租機場國際廳隔離區內涵蓋免稅品、國產品零售和餐飲在內的全部商業場所。

2010年3月，船舶供應業務系統正式上線。6月，杭州蕭山國際機場免稅店對外營業。同年，成功開拓上海世博園商業項目，累計接待進店遊客300萬人次，實現零售收入4200萬元。

中免集團與杭州蕭山國際機場合作簽約儀式

2011年5月8日，南京祿口國際機場免稅店開業。2012年4月，以輸出管理方式經營的首家台灣免稅店——金門金寶來國際免稅店正式營業；成功中標杭州機場T3航站樓國際精品標段。5月，當時全球最大的單體免稅店——三亞國際免稅城項目正式開工建設。6月，昆明新機場免稅店正式營業。8月，成功中標上海虹橋高鐵站出發層6000平方米商業標段，業務首次延伸至高鐵商業領域。12月，內地之外的第一家客運站免稅店——

澳門外港碼頭客運站免稅店正式營業；與全球著名跨國旅遊集團雲頂香港正式簽署戰略合作意向書。

台灣金寶來免稅店

2013 年 2 月 1 日，麗星郵輪雙子星號於三亞首航，中國免稅業第九種業務類型正式亮相。6 月，設立廣州物流配送中心。7 月，中免柬埔寨項目簽約儀式在京舉行。12 月，籌建獨立的 B2C 網站開展跨境電商業務，上海跨境通平台中免專區正式上線。

麗星郵輪雙子星號免稅店剪綵儀式

2014 年 1 月，第 30 次全國免稅業務工作會議在北京召開。3 月，與重慶保稅區建立戰略合作夥伴關係。9 月 1 日，備受矚目的三亞國際免稅城盛大開業，作為當時世界最大的單體免稅店——三亞國際免稅城是中免集團第一個以免稅為主，多種業態交融並存的大型購物綜合體。12 月，跨境電子商務網站「中免商城」正式上線。12 月 30 日，中免集團第一家海外市內免店——柬埔寨吳哥免稅店正式營業。

2015 年 9 月 15 日，國內首個免稅會員系統——中免集團會員項目正式上線。12 月 30 日，中免集團第二家海外市內免稅店——柬埔寨西哈努克港免稅店正式營業。

2016 年 8 月，經國務院批准，中國國旅集團和中國港中旅集團公司實施戰略重組，成立中國旅遊集團公司。

公司領導名錄：
中國國旅集團歷任領導班子組成情況

時任領導訪談：
中國國旅集團時任領導訪談

時任領導訪談：
香港中旅集團、中國旅遊集團
時任領導訪談

部分重要歷史事件回憶錄

06

2017—2023年

時代新生・鏈接未來的無限可能

　　大眾同遊時代風勁，重組整合志求精彩。適應時代發展新需要，中國旅遊集團煥新而生，在創造高品質生活上力求突破。

　　「星相伴・行無疆」的全新品牌形象蓄勢而發，免稅業務位列中國旅遊業最具價值品牌第一，成為全球最大的旅遊商品零售商……世紀初心、百年新風，歷史之光照亮前行之路。中國旅遊集團切實履行在商言商、在商言政的央企責任，立足香港、深耕海南、拓展內地、做精海外，在抗擊疫情、鄉村振興、社會參與、服務冬奧等重大活動中勇擔重任，為不斷滿足人民對美好生活的嚮往而不懈奮鬥。

中國旅遊集團

2017 年，中國旅遊集團落實國務院國資委全面深化國有企業改革重點工作要求，完成「公司制」改制工作，並正式將公司名稱變更為「中國旅遊集團有限公司」（簡稱「中國旅遊集團」）。

2017 年 5 月 19 日，中國旅遊集團與渭河電廠有限公司 20 年合作期屆滿，依法依規退出電力業務。中國旅遊集團與渭河電廠有限公司合作 20 年來，創造了良好的經濟和社會效益，實現了互利共贏。渭河電廠有限公司曾連續 14 年被評為陝西省外商投資先進企業，樹立了合作經營的成功範例。

2017 年 6 月，中國旅遊集團堅決貫徹落實國務院國資委關於華貿股權無償劃轉的決定，與中國誠通簽署股權無償劃轉協議，約定將持有的 4.6 億股（佔公司總股本的 46.1%）無償劃轉給中國誠通，並積極推進劃轉的各項工作，華貿物流管理權順利移交。

2017 年 8 月 11 日，中國旅遊集團旗下中免集團和日上中國與北京首都機場商貿有限公司就首都機場 T2、T3 航站樓國際區免稅業務項目簽訂合作合同。

首都國際機場 T3 航站樓免稅店

2017年12月11日，香港中旅（集團）有限公司召開中層以上管理人員大會，會上中央組織部有關幹部局負責同志宣佈了中央關於香港中旅（集團）有限公司董事長調整的決定：萬敏同志任香港中旅（集團）有限公司董事長，免去其中國遠洋海運集團有限公司董事、總經理職務；免去張學武同志的香港中旅（集團）有限公司董事長職務，到齡退出領導班子。

2018年2月23日至5月23日，根據中央統一部署，中央第九巡視組對集團進行了巡視。通過廣泛開展個別談話，認真受理群眾來信來訪，調閱有關文件資料，深入了解情況，順利完成巡視任務。中央巡視工作領導小組聽取了巡視組關於中國旅遊集團的巡視情況報告。

中央第九巡視組巡視中國旅遊集團有限公司工作動員會議

時任領導訪談：
中國旅遊集團時任領導訪談

2018 年 5 月，中國旅遊集團全面啟動深化改革和重組整合工作，聘請第三方專業機構梳理優化企業戰略規劃，制訂了三個改革項目工作計劃、兩個事業群重組整合方案和總部組織架構調整優化方案。

2018 年 6 月，「國旅」品牌以 708.72 億元品牌價值名列 2018 年「中國 500 最具價值品牌」第 48 位，品牌價值同比提升 102.83 億元，同比增幅 16.97%，在旅遊服務行業連續十五年居首位。

國旅—中國 500 最具價值品牌證書

歷史音頻：國旅品牌價值

2017 年 6 月 29 日，國資委網站在「央企聯播」專欄發佈《國旅品牌連續 14 年位列中國 500 最具價值品牌旅遊類榜首》一文。

2018 年 10 月 12 日，中國旅遊集團在深圳召開年度人才工作會，這是中國旅遊集團歷史上首次人才工作會。「樹正氣、定規劃、立標準、正導向」，這次會議是深入貫徹落實全國組織工作會議精神的思想總動員，是深入整改中央巡視指出問題、啟動人才強企新戰略的全面工作部署，也是深化改革和重組整合工作實質性啟動前的一次重要會議。

中國旅遊集團 2018 年度人才工作會

2018 年 10 月 17 日，香港中旅（集團）有限公司召開領導班子（擴大）會議。中央組織部有關幹部局主要負責同志宣佈了中央關於香港中旅（集團）有限公司總經理調整補充的決定：杜江同志任香港中旅（集團）有限公司董事、總經理，免去其文化和旅遊部黨組成員職務。

2019 年 1 月 3 日，中國旅遊集團在珠海海泉灣召開脫貧攻堅工作推進會，制訂《打贏脫貧攻堅戰三年行動計劃》，提出扶貧工作的具體舉措，並從對口幫扶、體制機制、資金投入三方面做出工作部署。

2019 年 1 月中國旅遊集團脫貧攻堅工作推進會

　　2019 年 3 月 18 日，在海口市國際免稅城項目現場舉行了海南自由貿易試驗區建設項目（第三批）集中開工和簽約活動。同日，中國旅遊集團暨中免（海南）運營總部有限公司在海口揭牌，標誌着中國旅遊集團境內總部正式從北京遷入海口，初步確立「以集團（區域）總部建設為標誌，以旅遊零售、旅行服務等優勢業務為龍頭，以旅遊目的地、美麗鄉村、海洋旅遊開發建設等核心業務為基礎，將海南業務培育成集團新的業務增長極」的戰略發展思路。海南也成為中國旅遊集團業務發展的重要區域，將創新打造以免稅購物為核心的「旅遊＋」和「＋旅遊」產業鏈。

　　2019 年 9 月 26 日，中國旅遊集團旗下首艘豪華郵輪「鼓浪嶼」號命名暨首航儀式在廈門舉行，標誌着中國第一艘自主運營的豪華郵輪正式亮相中國市場。

中國旅遊集團暨中免（海南）運營總部有限公司在海口揭牌儀式

2019年星旅遠洋首艘遊輪命名暨廈門首航慶典

2019 年 11 月 7 日，中國旅遊集團在北京舉辦主題為「星相伴‧行無疆—— EXPLORE THE WORLD WITH US」的品牌形象發佈會，正式對外公佈集團新品牌標誌。標誌圖形簡明，色彩多元，由彩色花環組成，向用戶傳達繽紛多彩的美好旅遊體驗，以及花朵綻放帶來快樂鮮活的品牌感受。標誌中心的鏤空五星設計強化用戶對中國旅遊集團的過往認知，傳承集團原有的品牌資產和歷史印記，同時通過鏤空五星的拼接設計體現集團品質創新、多元開發的品牌特點。環繞箭頭代表旅遊用戶通過集團產品，聚集出發去體驗更加美好的旅遊服務，同時體現中國旅遊集團各個業務緊密協同，同星共聚的企業凝聚力和產業引領力。五色箭頭中，黃色代表快樂的心情，橙色代表溫暖的感受，紅色代表熱情的服務，藍色代表舒適度體驗，綠色代表健康的產品，整體體現中國旅遊集團提供全要素維度的美好旅遊。

2019 年中國旅遊集團全新品牌形象在京發佈

2019 年，根據中央關於深化中央紀委國家監委派駐機構改革和中央紀委國家監委關於推進中管企業紀檢監察體制改革的總體部署，經中央紀委國家監委批准，中國旅遊集團設立了國家監委駐香港中旅（集團）有限公司監察專員辦公室，根據中央紀委國家監委授權履行國家監察職責，與集團紀委合署辦公，全面履行黨章賦予的職責。標誌着集團紀檢監察工作進入新階段、開啟新征程。

2020 年 1 月 17 日，三亞國際免稅城二期盛大開業，引入眾多國內外頂級品牌。

三亞國際免稅城二期

2020 年 1 月 21 日，中國旅遊集團下發《關於做好新型冠狀病毒感染的肺炎疫情防控工作的通知》，要求各單位切實做好防範和應急工作。1 月下旬，通過國資委捐贈現金 2000 萬元、通過舵落口物流公司直接捐贈現金 400 萬元，用於支持湖北等省份及地區疫情防控工作。

2020 年，新冠肺炎疫情突發後，中國旅遊集團立即確立「保穩定，防失信，保運營，求發展」的現金配置策略，利用資產負債率空間，及時發行國內首單旅遊行業疫情防控債，並以相對低成本發行債券累計籌集資金超 200 億元，以抵禦疫情可能帶來的流動性危機，守住防範重大財務風險的底線。

2019 年 3 月中國旅遊集團美元債發行路演

2020 年 6 月 18 日，中國旅遊集團與雲南省政府簽署《大滇西旅遊環線建設合作協議》，聯手培育打造世界級旅遊目的地，全面促進雲南旅遊產業轉型升級。

2020 年 6 月 18 日中國旅遊集團與雲南省政府簽署《大滇西旅遊環線建設合作協議》簽字儀式

2020 年 7 月，中國旅遊集團克服「修例風波」、新冠肺炎疫情反複等多重壓力，積極承擔國安公署選址、掛牌成立等服務保障任務，用最短時間完成了酒店功能向國安公署工作場所功能的轉換，做到全過程「平穩、有序、安全、保密」的要求，為國安公署 7 月 8 日順利掛牌提供了保障。

中央人民政府駐香港特別行政區維護國家安全公署（銅鑼灣維景酒店）

2020 年 7 月 8 日中央人民政府駐香港特別行政區維護國家安全公署揭牌

2020 年 7 月，香港暴發第三波新冠肺炎疫情。應香港特區政府請求，中央政府統籌部署內地核酸檢測支援隊 579 名醫護人員於 2020 年 8 月 2 日起分批抵港，支援香港特區政府抗擊疫情。受特區政府委託，中國旅遊集團承擔了支援隊在港期間各項服務保障工作，支援隊總領隊、國家衛健委副局長李大川專門向中國旅遊集團發函致謝。

中國旅遊集團旗下香港酒店、旅行社、中汽公司等下屬企業服務內地援港核酸檢測支援隊

2020 年 8 月 5 日，第十七屆「世界品牌大會」發佈 2020 年《「中國 500 最具價值品牌」分析報告》，中免集團以 836.59 億元的品牌價值，位列排行榜第 60，在旅遊服務行業位居第一。

中國旅遊集團旗下中免集團超越多家世界級免稅業巨頭，成為全球最大的旅遊商品零售商，在「2020 中國資本年會」上入選「2020 好公司之未來價值 300 強 TOP15」，榮獲「中國好公司」「好公司 34 行業之新興服務行業龍頭」等多項獎項。

2020年中國500最具價值品牌發佈會

2020年10月12日，中國旅遊集團積極響應國務院國資委「央企混改」號召，提升國有資本市場化效率，以現金向東航集團增資50億元，參與東航集團多元化股權改革。

2020年10月中國旅遊集團參加東航集團股權多元化改革簽約發佈會

2020 年 12 月 11 日，在央企助力貴州發展大會上，中國旅遊集團與貴州省政府簽署戰略合作協議。雙方將在旅行服務、旅遊投資和運營、免稅、酒店、金融、扶貧、人才交流等方面開展合作。

2020 年 12 月 21 日，中國旅遊集團與南方航空集團簽署戰略合作框架協議。在滿足各自戰略發展目標的前提下，落實中央經濟工作會議精神，推進粵港澳大灣區建設、西部大開發等國家重點戰略，抓住海南自由貿易港建設契機，積極推進雙方在航空與旅遊產業上的深度合作，打造央企戰略合作典範。

2020 年中國旅遊集團領導參加與南方航空集團簽署戰略合作框架協議儀式

2020 年，中國旅遊集團進一步完善和優化品牌體系，將旗下六大業務載體分別更名註冊為中國旅遊集團旅行服務有限公司（中旅旅行）、中國旅遊集團投資運營有限公司（中旅投資）、中國旅遊集團中免股份有限公司（中旅免稅）、中國旅遊集團酒店控股有限公司（中旅酒店）、中國旅遊集團金融投資有限公司（中旅金融）、中國旅遊集團投資和資產管理有限公司（中旅資產）。

2021年2月，中國旅遊集團所屬中旅風景（北京）旅遊管理有限公司被黨中央、國務院授予「全國脫貧攻堅先進集體」榮譽稱號。中旅風景（北京）旅遊管理有限公司通過「企地共建」旅遊扶貧模式，助力四川省達州市宣漢縣、貴州黔

中國旅遊集團所屬中旅風景（北京）旅遊管理有限公司被黨中央、國務院授予「全國脫貧攻堅先進集體」榮譽證書

東南州黎平縣脫貧摘帽，所有建檔立卡貧困人口全部清零。

2021年3月19日，中國旅遊集團獲得「領航粵港澳大灣區傑出貢獻獎（企業）」獎項。此次活動旨在展現粵港澳大灣區發展成就，探索大灣區未來發展方向，同時對粵港澳三地優秀企業、機構及個人為大灣區建設所做出的努力和貢獻進行表彰。

中國旅遊集團獲得「領航粵港澳大灣區傑出貢獻獎（企業）」頒獎現場

2021 年 3 月 25 日，中國旅遊集團回購外方股東所持的安信信貸 45% 股權，全資控股安信。安信作為香港地區的普惠金融機構，主要服務於香港個人信貸市場，在香港地區非銀行類非抵押個人信貸市場（以私人貸款和信用卡餘額計）排名第一，連續超過 10 年獲得香港地區「年度金融機構大獎」，擁有較強的市場影響力及較高的品牌認知度，在香港本地市民中擁有較強的影響力。回購安信股份可進一步加強中國旅遊集團對安信的整體管控，有利於支持中國旅遊集團做大做強在港業務戰略布局，履行「在商言政」職責。

2021 年 10 月，中國旅遊集團旗下中旅投資發佈公告，收購馬爾代夫安巴拉島，持股公司 50% 股權。中旅投資將與中國港灣共同開發安巴拉島，共建中高端旅遊度假村，打造出一個極具特色與魅力的海島隱世度假勝地，成為中國旅遊集團的文旅新名片。

馬爾代夫安巴拉島

2021 年，中國旅遊集團紅色旅遊系列工作全面展開，體現出旅遊央企的歷史責任和使命擔當。6 月，中國旅遊集團發揮產業優勢，用好紅色資源，打造紅色教育培訓基地，推出「永遠跟黨走」紅色教育精品旅遊路線，並入選國資央企黨史學習教育創新案例。

中國旅遊集團紅色教育培訓基地揭牌儀式

2021 年 6 月，中國旅遊集團「e＋人」人力資源系統全面上線，覆蓋組織管理、績效考核、招聘、員工關係等 8 個人力資源核心模塊，近 4 萬名員工上線使用，實現人力資源全流程閉環管理。8 月，中國旅遊集團「e＋人」人力資源系統獲布蘭登霍爾「最佳人力資本管理創新獎」金獎和「績效管理最佳進步獎」銀獎。「e＋人」人力資源系統啟動建設以來，累計 6 次獲得國內外獎項。

2021 年 7 月 7 日，中國旅遊集團第一屆工會會員代表大會在海口主會場和北京、深圳分會場同步召開，選舉產生了集團第一屆工會委員會，這是集團黨委貫徹落實中央關於黨建帶群建要求，進一步加強黨的建設和黨的全面領導的重要舉措。

2021 年 7 月 7 日中國旅遊集團第一屆工會會員代表大會

　　2021 年 7 月 20 日，河南省遭極端強降雨，防汛形勢十分嚴峻。7 月 22 日，中國旅遊集團緊急捐贈 1000 萬元支援河南防汛救災工作。

　　2021 年，中國旅遊集團數字化轉型工作獲得國資委肯定，多項成果得到業內認可。集團國資監管信息化建設驗收獲評優秀、相關係統入選創新示範案例集，數字化防疫解決方案入選優秀案例名單。中旅酒店數字化轉型入選「國有重點企業管理標杆創建行動標杆項目」；中旅免稅憑藉數字化技術與服務能力，榮獲「數字經濟領航者獎（2020 年）」「最佳數字團隊（2021 年）」等獎項。

　　2021 年 10 月 31 日，香港中旅（集團）有限公司召開中層以上管理人員大會。中央組織部有關負責同志宣佈了中央關於香港中旅（集團）有限公司董事長調整的決定：陳寅同志任香港中旅（集團）有限公司董事長，免去其上海市副市長職務；免去萬敏同志的香港中旅（集團）有限公司董事長職務。

国资委相关奖项

集团在国资监管信息化建设"三年行动计划"验收评估中获评"优秀"

集团"三重一大"决策和运行监督管理系统兊镇港澳央企总部特色解决方案，入选《国资监管信息化建设"三年行动计划"创新示范案例集》

集团数字化防疫解决方案入选中央企业"十三五"网络安全和信息化优秀案例名单

中旅酒店数字化转型入选"国有重点企业管理标杆创建行动标杆项目"

人资系统

布兰登董尔卓越管理奖-最佳人力资本管理创新奖金奖

布兰登董尔卓越管理奖-绩效管理最佳进步银奖

2020年中国人力资源科技年度—数字化最佳团队奖

2020年度数字化人力资源（DHR）优秀实践奖

2021年度数字化人力资源（DHR）优秀实践奖

2021年度人力资源科技最佳实践奖

截图(Alt · A)

其它

集团获2022数智化转型峰会"云上数智化创新先锋奖"奖

中旅免税获数字经济领航者峰会"数字经济领航者奖"

中旅免税会员小程序数字化运营与营销团队荣获"最佳数字团队"奖

中國旅遊集團數字化轉型工作的相關單位所獲獎項

2021年中國旅遊集團新、老董事長交接時領導班子部分成員合影

時任領導訪談：

中國旅遊集團董事長陳寅談《百年中旅》

2021 年 11 月 29 日，第一批國家級文明旅遊示範單位名單公布，共 47 家單位入選，中國旅遊集團旗下沙坡頭旅遊度假區榜上有名，這是對沙坡頭旅遊度假區文明旅遊成果的充分肯定。

中國旅遊集團旗下沙坡頭旅遊度假區

2021 年 12 月 31 日，中國旅遊集團在澳門首家市內免稅店—— cdf 澳門上葡京店試運營。該店作為內地之外的旗艦項目，經營面積達 7500 平方米，標誌着中國旅遊集團在深度參與粵港澳大灣區建設、踐行國際化發展戰略上又邁出了堅實的一步。

2021 年 12 月 19 日，香港舉行第七屆立法會選舉，這是修改完善選舉制度後的首次立法會選舉，也是落實「愛國者治港」原則的關鍵一戰。中國旅遊集團兩名員工分別參加旅遊功能界別和九龍西地區直選並全部勝出，實現了央企在地區直選中的突破。

澳門首家市內免稅店

香港第七屆立法會新當選議員宣誓現場

2022 年 1 月 11 日，中國旅遊集團董事長陳寅赴張家口冬奧村視察集團冬奧服務團隊籌備工作，分別考察了集團員工駐地，跳台滑雪中心，雪如意維景、睿景酒店，以及位於張家口運動員村內的運動員公寓和超級服務中心，在運動員餐廳聽取了現場工作進展匯報並與駐地員工親切座談。

中國旅遊集團董事長陳寅一行和張家口冬奧村村長等人合影

2022 年冬季奧運會（殘奧會）中國旅遊集團奧運村服務接待團隊（部分）合影

歷史視頻集錦：
中國旅遊集團在北京冬（殘）奧會的服務保障工作視頻

2022 年 1 月 13 日，中國旅遊集團召開黨史學習教育總結會議，全面總結集團黨史學習教育成效和經驗，對推動構建常態長效化制度機制，持續鞏固拓展黨史學習教育成果進行部署安排。

2022 年中國旅遊集團黨史學習教育總結會議

2022 年年初，香港暴發第五波疫情。中國旅遊集團及下屬企業勇擔央企社會責任，逆「風」而行，迎難而上，全力支持特區政府防疫抗疫，累計捐贈達千萬港幣的抗疫物資，落實落細隔離酒店、客運等服務保障工作，與香港市民齊心協力、共渡難關。

中國旅遊集團開展「中旅關懷進社區」為民眾提供抗疫物資

2022 年 2 月份，中國旅遊集團旗下中旅免稅榮獲國務院國資委「國有企業公司治理示範企業」稱號。中旅免稅憑藉多年來優秀的公司治理成效成為中央企業 60 家基層企業之一，也是入選央企中唯一一家旅遊服務企業，代表了國務院國資委對公司的治理水平及改革成果的高度認可。

2022 年 4 月 1 日，中國旅遊集團下屬廣州九龍湖度假區項目正式開工，標誌着項目進入快速建設階段。九龍湖度假區項目開發運營總體量超

北京 2022 年冬奧會和冬殘奧會組織委員會感謝信

2022 年 4 月 11 日中國旅遊集團冬奧服務保障工作總結表彰大會

80 萬平方米，此次開工的 C 地塊總開發量約 9 萬平方米，投資額約 25 億元，規劃為項目的商業及服務設施，預計 2024 年底交付運營。

2022 年，中國旅遊集團參與冬奧服務保障工作，得到了北京冬奧組委、國務院國資委和國際奧委會的高度讚揚。4 月 11 日，中國旅遊集團在深圳召開冬奧服務保障工作總結表彰大會，對冬奧服務保障工作中湧現出的 8 個優秀集體和 50 名先進個人進行表彰。

　　2022 年 4 月 11 日上午，中共中央總書記、國家主席、中央軍委主席習近平來到中國旅遊集團旗下三亞國際免稅城，實地了解離島免稅政策落地實施等情況。習近平總書記指出，要更好發揮消費對經濟發展的基礎性作用，依托國內超大規模市場優勢，營造良好市場環境和法治環境，以誠信經營、優質服務吸引消費者，為建設中國特色自由貿易港作出更大貢獻。

2022 年 4 月 11 日，習近平總書記來到三亞國際免稅城，實地了解離島免稅政策落地實施等情況

歷史視頻集錦：
　　央視網 2022 年 4 月 13 日新聞聯播視頻鏈接，3 分 55 秒至 4 分 35 秒報道了 2022 年 4 月 11 日習近平總書記來到三亞國際免稅城實地了解離島免稅政策落地實施等情況。

2022 年 5 月，中央農村工作領導小組通報了 2021 年度中央單位定點幫扶工作成效考核評價情況。中國旅遊集團再度獲得中央單位定點幫扶工作成效考核評價最高等次「好」，這是集團自 2017 年以來連續第五次獲得該成績。

2022 年 5 月 7 日，共青團中國旅遊集團有限公司第一次代表大會順利召開，本次大會在海口主會場，深圳、北京 4 個分會場視頻連線同步召開。來自集團各單位的 70 名團員青年代表參加了會議。大會選舉產生了共青團中國旅遊集團有限公司第一屆委員會。

2022 年 5 月 7 日中國旅遊集團第一屆團委代表大會

　　2022年6月6日，香港中旅（集團）有限公司召開領導班子（擴大）會議。受中組部領導委託，中組部有關幹部局主要負責同志宣佈了中央關於香港中旅（集團）有限公司總經理任職的決定：王海民同志任香港中旅（集團）有限公司董事、總經理，免去其中國遠洋海運集團有限公司董事、黨組副書記職務。

2022年7月中國旅遊集團總經理王海民參加第二屆全球消費創新暨免稅與旅遊零售大會

時任領導訪談：
中國旅遊集團總經理王海民談《百年中旅》

公司領導名錄：
香港中旅集團歷任領導班子組成情況

中國旅遊集團黨委全面加強對巡視工作的領導，有力有序推動巡視全覆蓋，自 2019 年單獨設立黨委巡視辦至 2022 年 6 月，實現規劃期內常規巡視全覆蓋，做到對二級公司專項巡視全覆蓋。

中國旅遊集團黨委將落實中央巡視整改作為推進落實全面從嚴治黨主體責任的抓手，層層壓實壓緊全面從嚴治黨主體責任。作為十九屆中央第一輪巡視的八家中管企業之一，集團黨委 2018 年開展集中整改，2019 年深入反思前期整改工作的不足，啟動深化中央巡視整改，2020 年進一步深化中央巡視整改，2021 年持續深化中央巡視整改，2022 年主動開展中央巡視整改「回頭看」。

2022 年 8 月，命名掛牌中國旅遊集團有限公司首批基層示範黨支部發揮示範引領作用，推進基層黨支部標準化規範化建設，進一步強基固本，凝聚改革發展的強大組織力量。

2022 年 8 月 25 日，中國旅遊集團旗下中免股份有限公司正式在香港聯合交易所主板上市交易（股票簡稱：中國中免，股票代碼：01880.HK），發行價為每股 158 港元，募資總額約 162.36 億港元。中旅免稅成為中國旅遊集團旗下第 2 家香港上市公司。中旅免稅自此正式步入了「A＋H」股時代，進一步進軍國際化市場。這是 2022 年以來香港市場發行規模最大的 IPO 項目，也是全球旅遊零售行業歷史上規模最大的 IPO 融資，香港市場旅遊零售行業第一股。

2022 年 10 月 16—22 日，中國共產黨第二十次全國代表大會在北京勝利召開。中國旅遊集團董事長、黨委書記陳寅，中國旅遊集團旗下中免集團三亞市內免稅店有限公司銷售部銷售組長劉智力作為黨的二十大代表出席會議。

2022 年 10 月 28 日，備受矚目的「世界最大單體免稅店」—— cdf 海口國際免稅城盛大開業。海南省領導和集團主要領導及各界嘉賓出席了開業儀式。cdf 海口國際免稅城建築面積 28 萬平方米，是世界最大的單體免稅店。依托引領旅遊零售行業發展的中旅免稅自身強大的品牌號召力、優質的運營實力以及良好的市場口碑，cdf 海口國際免稅城攜手 800 餘個國際國內知名品牌閃耀啟幕，

2022 年 8 月 25 日中國旅遊集團中免股份有限公司正式在香港聯合交主板上市

2022 年 10 月 28 日 cdf 海口國際免稅城開業現場

眾多「首店」「獨家」品牌同步登場，為消費者打造世界級休閒購物綜合體和新晉網紅打卡地，助力海南自由貿易港與國際旅遊消費中心建設。

中國旅遊集團與中遠海運集團保持着多年的良好合作，雙方在 2018 年簽訂戰略合作協議的基礎上，於 2022 年 11 月 3 日上午在上海簽署《深化戰略合作協議》。中國旅遊集團董事長陳寅、總經理王海民，中遠海運集團董事長萬敏等集團領導出席簽約儀式。本次簽約將進一步拓寬合作領域、深化合作內容，共同實現高質量發展，為國有資本做強做優做大和國有資產增值保值作出貢獻。

2022 年 11 月 3 日中國旅遊集團與中遠海運集團簽署《深化戰略合作協議》

2022 年 11 月 3 日下午，中國旅遊集團與中國銀聯在上海簽署《戰略合作框架協議》。中國旅遊集團董事長陳寅、總經理王海民，中國銀聯董事長邵伏軍等相關領導出席簽約儀式。此次戰略合作協議的簽署，積極響應了國家「鼓勵共同奮鬥創造美好生活，不斷實現人民對美好生活的嚮往」的號召，是雙方攜手共建數字經濟、推動文旅行業發展的又一重要舉措。

2022 年 11 月 3 日中國旅遊集團與中國銀聯簽署戰略合作框架協議

2022 年 11 月 22 日，由中國旅遊集團統籌推動、中旅發展作為投資主體的威信服務有限公司 100% 股權併購項目在香港舉行簽約儀式。香港保安服務市場規模保持持續增長態勢，威信公司輕資產運營受經濟周期和疫情影響小，具有一定增長

潛力和協同效應。威信項目的簽約，標誌着中國旅遊集團繼收購佳富物業後圍繞主業拓展在港業務再落一子，也是中國旅遊集團在服務香港民生產業鏈上的再次延伸。該項目契合中旅「服務大眾」的價值理念，符合中國旅遊集團「立足香港」的發展戰略。

2022 年 11 月 22 日中國旅遊集團收購香港威信 100% 股權項目簽約

2022 年 12 月 9 日，中國旅遊集團與華潤集團在深圳簽署戰略合作框架協議。中國旅遊集團董事長陳寅，董事呂友清，副總經理石善博；華潤集團董事長王祥明等相關領導出席簽約儀式並見證簽約。中國旅遊集團總經理王海民和華潤集團總經理王崔軍分別代表雙方簽約。雙方充分發揮各自優勢，在品牌合作與資源共享、城市建設運營、免稅業務、金融業務、香港及國際化業務 5 大方面，18 個細分領域開展多產業、全方位的戰略合作。雙方同為駐港央企，此次簽約將實現資源優勢互補，推動合作邁上更高水平，在新的歷史起點上，攜手開啟合作新篇章。

2022 年 12 月 9 日，中國旅遊集團與華潤集團在深圳簽署戰略合作框架協議

2022 年 12 月 30 日，中國旅遊集團有限公司與中國信達資產管理股份有限公司在香港舉辦香港君怡酒店交接及揭牌儀式。這標誌着中國旅遊集團所屬中旅酒店圓滿完成君怡酒店的收購，在港業務發展取得新的突破。

2022 年 12 月 30 日，中國旅遊集團董事長陳寅和信達香港董事長梁森林見證簽約

中國旅遊集團一直發揮着香港居民和台灣同胞與祖國聯繫的紐帶作用,《回鄉證》《台胞證》承載着幾代港澳同胞和台灣同胞對於返鄉的記憶,也一路見證着中國旅遊集團踐行「服務社會」的宗旨和愛國愛港的深切情懷。據統計,自1981年12月至2022年12月,共計辦理3400餘萬本《回鄉證》,自1992年1月到2022年12月,共計辦理1500餘萬本《台胞證》,簽注3800餘萬人次。

香港中國旅行社證件門市部

中國旅遊集團《同心同行》系列紀錄片

中國旅遊集團宣傳片

2022 年 12 月，中國旅遊集團旗下業務載體調整為八家，分別是中國旅遊集團旅行服務有限公司（中旅旅行）、香港中旅國際投資有限公司（中國國際）、中國旅遊集團投資運營有限公司［暨港中旅（深圳）投資發展有限公司］（中旅投資）、中國旅遊集團中免股份有限公司（中旅免稅）、中國旅遊集團酒店控股有限公司（中旅酒店）、香港中旅發展有限公司（中旅發展）、中國旅遊集團投資和資產管理有限公司（中旅資產）、中旅郵輪（海南）有限公司（中旅郵輪）。

　　2023 年年初，香港與內地全面恢復通關、內地出境遊開放後，中國旅遊集團制定詳細工作預案，全力做好香港居民「回鄉證」換補發辦證服務；組織多個出境團隊遊首發團從全國各地赴泰國、新加坡等深受消費者喜愛的境外旅遊目的地，拔得出境團隊遊市場恢復頭籌先機；組織首個香港入境旅遊團到北京「迎春」之旅，為疫情後旅遊業的復甦繁榮開了好頭。

2023 年年初香港與內地全面恢復通關後的香港入境首發團

　　為深入學習貫徹習近平總書記關於加快建設世界一流企業、「以誠信經營、優質服務吸引消費者」的重要指示精神，落實國資委開展對標世界一流企業價值創造行動，中國旅遊集團把 2023 年確立為「管理服務提升年」，持續提升管理服務能力和經營效益效率，搶抓機遇實現自身業務高質量發展，推動集團建設世界一流企業走深走實。

2023 年 2 月 28 日中國旅遊集團「管理服務提升年」啟動會

　　2023 年中國旅遊集團為迎接百年華誕，組織開展了一系列活動：出版《百年中旅》圖書、建設百年中旅歷史文化展館、製作百年中旅相關視頻、刊發「百年征途　續寫華章」系列文章，開展「百年華誕　星途山海」主題徵文、組織「百年中旅·頭號玩家」集團員工抖音挑戰賽、舉辦「盛世聚首　天寶芳華」中旅百年華誕圓明園國寶獸首文物展等，進一步宣傳了中國旅遊集團品牌形象，彰顯了百年歷史榮光，增強了員工的凝聚力和向心力。

百年中旅歷史文化展館

《百年中旅》視頻

百年百事

1923—2023年

01. 1923 年 8 月 15 日上海商業儲蓄銀行旅行部對外營業

02. 1924 年旅行部獨立門戶，並以五角旅星為品牌標誌

03. 1925 年開始依托上海銀行各地分支機構設立旅行分部

04. 1927 年上海商業儲蓄銀行旅行部改組為中國旅行社

05. 1927 年國內第一份旅行刊物《旅行雜誌》創刊發行

06. 1928 年 4 月 1 日中國旅行社香港分社成立

07. 1931 年開始承接故宮國寶祕密南運工作

08. 1931 年南京首都飯店和西京招待所等 9 家招待所開業

09. 1936 年安排中國代表團參加柏林奧運會的旅行服務

10. 1937 年承運金陵兵工廠人員從南京西遷重慶

11. 1938 年中國旅行社總社隨上海商業儲蓄銀行銀行總行遷至香港

12. 1938 年承辦西南公路食宿站，五角旅星遍佈交通要道

13. 1939 年中國旅行社總社從香港遷回上海

14. 1942 年中國旅行社總社從上海遷到重慶辦公

15. 1943 年配合東江縱隊開展營救滯留香港的文化精英人士

16. 1945 年為滯留重慶的數十萬人東歸提供旅行服務

17. 1947 年中國旅行社台北分社開業

18. 1949 年新中國首家旅行社 —— 廈門華僑服務社成立

19. 1951 年中國旅行社香港分社由中國銀行港澳管理處接管

20. 1951 年台灣分社改組為台灣中國旅行社股份有限公司

21. 1953 年周恩來總理批准設立中國國際旅行社籌備委員會

22. 1954 年中國國際旅行社總社在北京正式成立

23. 1954 年香港中國旅行社有限公司在香港註冊

24. 1956 年中僑委發出通知要求各地成立華僑服務社

25. 1957 年華僑旅行服務社總社在北京成立

26. 1957 年中國國際旅行社劃歸國務院直接領導

27. 1959 年國務院批准中國國際旅行社《關於組織我國公民赴社會主義國家旅行
    的報告》

28. 1960 年國務院明確中國國際旅行社確定為事業單位

29. 1962 年毛澤東主席接見國旅總社接待的古巴代表團

30. 1962 年香港中旅社貨運公司開始承擔供港物資「三趟快車」的接運交貨工作

31. 1964 年中國旅行遊覽事業管理局與國旅總社合署辦公

32. 1966 年劉少奇、周恩來、鄧小平接見國旅總社全國翻譯導遊會議代表

33. 1968 年香港中國旅行社受托代寫香港同胞「回鄉介紹書」

34. 1971 年香港中旅社為中美乒乓外交美國代表團提供服務

35. 1974 年周恩來總理提議保留「華僑旅行服務社總社」，同時加用「中國旅行

社總社」名稱，由郭沫若先生題寫社名

36. 1979 年國務院批准成立中國旅遊商貿服務總公司

37. 1979 年香港中旅社開始承辦《港澳同胞回鄉證》

38. 1980 年中國旅遊商貿服務總公司開創中國免稅品業務

39. 1981 年外國投資管委會批准成立麗都飯店，由中國國際旅行社總社與香港益
和有限公司合作共同建造、經營

40. 1982 年國家旅遊總局和中國國際旅行社總社分開辦公

41. 1984 年中國旅行社總社由「事業單位企業管理」過渡為企業

42. 1984 年中國免稅品公司經國務院批准成立

43. 1984 年香港中旅社在上海創立了首家中外合資國際貨運代理 —— 華貿國際
貨運公司

44. 1984 年中旅總社獨家開辦歸僑、僑眷和港澳台眷屬赴港澳地區探親旅行團業務

45. 1985 年在香港中國旅行社有限公司的基礎上，成立了香港中旅（集團）有限公司

46. 1985 年國務院批准香港中旅集團開發建設深圳華僑城

47. 1987 年中國招商國際旅遊總公司成立

48. 1987 年位於香港幹諾道的中旅集團大廈落成

49. 1987 年香港中旅社受公安部委託，開始簽發《台灣同胞旅行證明》

50. 1989 年國家旅遊局批准成立中國國際旅行社集團

51. 1989 年深圳錦繡中華微縮景區建成開業

52. 1990 年中國中旅（集團）公司成立，與中國旅行社總社合署辦公

53. 1991 年深圳中國民俗文化村建成開業

54. 1992 年香港中旅集團註冊成立了香港中旅國際投資有限公司（簡稱「港中投」），並於當年在香港上市

55. 1992 年李鵬、朱鎔基等接見國旅集團導遊翻譯工作會議全體代表

56. 1992 年鄧小平遊覽錦繡中華和民俗文化村

57. 1993 年中國免稅從中國旅遊服務公司分離，成為國家旅遊局直屬企業

58. 1993 年香港中旅社與香港僑福合作成立信德中旅船務有限公司

59. 1993 年香港中旅集團與唐山豐南鎮合作成立國豐鋼鐵有限公司

60. 1994 年深圳世界之窗建成開業

61. 1994 年中國中旅（集團）與中國旅行社總社分署辦公

62. 1994 年中國中旅的標誌性建築 —— 中旅大廈在北京落成

63. 1997 年中國旅貿為主要發起人的中國泛旅實業發展股份有限公司在 A 股上市

64. 1997 年香港中旅集團和陝西電力合作的陝西渭河發電有限公司正式成立

65. 1998 年中國國旅總社與國家旅遊局脫鈎，歸屬中央大型企業工委管理

66. 1998 年中國旅貿與國家旅遊局脫鈎，歸屬中央大型企業工委管理

67. 1999 年中免集團與國家旅遊局脫鈎，歸屬中央大型企業工委管理

68. 1999 年中國中旅（集團）公司、香港中旅（集團）有限公司、華僑城集團公司與國務院僑辦脫鈎，歸屬中央大型企業工委管理

69. 1999 年華僑城集團以文件形式脫離香港中旅集團

70. 2000 年國務院朱鎔基總理主持召開總理辦公會議研究解決香港中旅（集團）公司財務危機問題

71. 2001 年港中旅國際旅行社在北京成立，是內地首家外資獨資經營的國際旅行社

72. 2003 年中國旅行社總社與德國 TUI 集團合資成立中旅途易旅遊有限公司

73. 2003 年國旅總社與美國運通公司合資成立國旅運通旅行社有限公司

74. 2004 年中國旅貿與中國中旅集團合併重組，成為中國中旅的全資子公司

75. 2004 年中國國際旅行社總社與中國免稅品（集團）總公司重組為中國國旅集團有限公司

76. 2005 年中國招商國際旅遊總公司及 18 家所屬旅行社整體劃轉進香港中旅集團

77. 2006 年第一家「國家休閒旅遊度假示範區」珠海海泉灣開業

78. 2006 年香港中旅集團將中國招商國際旅遊總公司更名為中國港中旅集團公司完成了在內地的註冊

79. 2007 年中國中旅（集團）公司與中國港中旅集團公司實現合併重組

80. 2008 年集團員工當選為香港旅遊界首位全國人大代表

81. 2009 年中國國旅股份有限公司成功登陸中國 A 股市場

82. 2009 年集團在香港酒店成功抗擊 H1N1 甲型流感疫情

83. 2012 年港中旅華貿國際物流股份有限公司在上海證券交易所上市

84. 2012 年中國港中旅集團戰略投資焦作商業銀行並更名為焦作中旅銀行

85. 2012 年集團員工參與香港立法會議員選舉並成功當選

86. 2014 年三亞國際免稅城開業

87. 2015 年香港中旅集團牽頭，與國際財團一起順利完成並購香港安信信貸

88. 2015 年香港中旅集團 4.6 億英鎊收購英國大型酒店集團 Kew Green Hotels

89. 2016 年中國港中旅集團公司與中國國旅集團有限公司實施戰略重組，組建中國旅遊集團公司

90. 2016 年北京燕郊項目中旅公館一期南區成功開盤

91. 2017 年中旅免稅繼並購北京機場日上後成功並購上海機場日上，成為國內免稅第一

92. 2017 年集團完成「公司制」改革，更名為「中國旅遊集團有限公司」

93. 2018 年集團境內總部正式遷冊到海南省海口市

94. 2019 年集團推出全新品牌形象

參考文獻

一、檔案史料

[1] 上海檔案館藏：中國旅行社檔案，檔號 Q368-1-36

[2] 上海檔案館藏：中國旅行社檔案，檔號 Q368-1-37

[3] 上海檔案館藏：中國旅行社檔案，檔案號 Q368-1-555

[4] 上海檔案館藏：中國旅行社檔案，唐渭濱《中旅二十三年》

[5] 上海檔案館藏：《中國旅行社歷年機構變動情況表》檔號 Q368-1-188

[6] 上海檔案館藏：《旅光》第一卷

二、期刊文章

[1] 《旅行雜誌》，第一卷

[2] 《中旅之窗》，1987 年 1 月 1 日總第 1 期

[3] 《香港中國旅行社成立六十周年紀念特刊》

[4] 《西南攬勝畫報》

[5] 《申報》

三、著作書籍

[1]　香港中旅集團.《香港中旅八十年》.北京:中國社會科學出版社,2008.9

[2]　中國國際旅行社總社.《輝煌 50 年》中國國際旅行社總社簡史.北京:中國旅遊
　　　出版社,2004.10

[3]　中國旅行社總社.《中旅四十年》.世界知識出版社,1989

[4]　中國中旅集團.《中旅五十年》,1999

[5]　周維沛.《鴻飛八秩:慶祝上海商業儲蓄銀行創立中國旅行社八十周年》.台北市:
　　　上海銀行文教基金會,2008.12

[6]　周維沛.《翱翔九秩:慶祝上海商業儲蓄銀行創立中國旅行社九十周年特刊》.台
　　　北市:社團法人上海商業儲蓄銀行文教基金會,2021.12

[7]　蔣慧.《民國傑出金融家、社會活動家、中國旅行社創辦人陳光甫研》.長沙:湖
　　　南文藝出版社,2010.12

[8]　王專.《陳光甫與中國近代旅遊業》.北京:中國旅遊出版社,2016.7

[9]　易偉新.《民國旅業回眸:中國旅行社研究》.長沙:嶽麓書社,2009

[10]劉鳳舞.《民國春秋》.團結出版社,1996

四、網上資料

[1]　《國旅品牌連續 14 年位列中國 500 最具價值品牌旅遊類榜首》,網址:http://
　　　www.sasac.gov.cn/n2588025/n2588124/c4657896/content.html

[2]　[視頻]習近平在海南考察時強調 解放思想 開拓創新 團結奮鬥 攻堅克難 加快建
　　　設具有世界影響力的中國特色自由貿易港,網址:https://tv.cctv.com/2022/04/13/
　　　VIDEhfdE4B5yxHn4ibo7NaeI220413.shtml